現代 葬儀考

お葬式と
お墓は
だれのため？

Mutuo Kakita
柿田睦夫

新日本出版社

はじめに

いま、葬儀の勉強会が静かなブームです。いろいろな場所で、さまざまな年齢や立場の人々が熱心に語りあっています。「あっというまに高い葬式代になった」「悲しむ間もなかった」と体験談を語り、葬儀の基礎知識を教えあい、そして「私はこうしたい」「こうして欲しい」。

もちろん深刻な話もあるけれど、話しぶりは意外なほど朗《ほが》らかで明るい。「お葬式の話がこんなに楽しいとは思わなかった」という声も出るほどです。人々は葬儀をテーマにしながら、実は人生を語り、自分を再発見し、家族を思い、そして「どう生きるのか」を語りあっているからかもしれません。

人は必ず死にます。しかし、その瞬間までは間違いなく生きています。つまり、死は生の証《あかし》なのです。その証が凝縮したものとしてお葬式やお墓を見るなら、逆にお葬式やお墓を通して「生きること」や、今という時代と地域社会のありようを見ることもできるのではないだろうか——。それが本書のテーマのひとつです。

筆者はこれまで、「現代こころ模様」のシリーズを書き、出版もしてきました。[注]シリーズではさまざまな事柄をとりあげてきました。若者をとりこにする霊・超能力や占い現象。統一協会、オウム真理教、法の華三法行などの「宗教」団体。ヤマギシ会や自己啓発セミナーなど「宗教周辺」の団体。その後、社会問題になったり、事件を起こした団体も少なくありません。

そのさい留意したのは、それらの団体の内情暴露を主眼においたり、それらの団体にのめり込むのが良いとか悪いとか決めつけないことでした。そうではなく、人々はなぜ、何を求めて、そのような団体や現象に接近するのか。その「こころ模様」を追うことで、いまこの時代に我々はどんな人間関係や連帯をつくっていけるのかを考えたいと思ったからです。その意味で本書は、「現代こころ模様」シリーズの続編だと思っています。

本書の第二のテーマは「消費者問題」です。詳細は本文にゆずりますが、いま葬儀業界は弱肉強食、ルールなき競争にさらされています。葬儀はもともと地域密着型の業界でした。街の葬儀屋さんがいて、地域や喪家の実情をよく見て葬儀を提供することも可能でした。地域共同体による支えあいも機能していました。

そこに全国展開をめざすような大手業者が殴り込みをかけ、様相は一変します。市場制覇の武器になったのが葬儀会館。無秩序な会館建設競争で、会館を持てない地元業者を駆逐し、中小業者を系列化していきました。会館建設競争は、地域住民の暮らしや街づくりにも深刻な影響を与えています。

会館の建設費は当然、葬儀料金にはね返ります。「消費者」は、会館葬（斎場葬）という〝便利さ〟の代償に、高い〝パック商品〟の葬儀を受け入れざるをえなくなってきました。人生の最終章である葬儀が、こんなルールなき競争にさらされてよいのだろうか――。そんな思いがありました。

そのような葬儀の現状に疑問を持つ人も増えています。各地の葬儀勉強会もそのあらわれです。簡素で自分らしく、そして共同性も。そんな葬式や墓へ、工夫と創造が始まっています。こうした考えに共鳴する葬儀業者や宗教者もたくさんいます。そこに生まれる新たな運動や連帯の輪。これもぜひ紹介したいと思いました。

「あなたは一人で死ねますか」。取材のなかでそう問いかけられたことがあります。実際、人の死後にしなければならないことがたくさんあります。誰かにゆだねなければなりません。ところが、行政施策の大半は死とともに終了してしまう。そんな実態に、政治や社会のありようを改めて考えさせられました。

ところで――。葬式と墓には絶対的な原則があるのをご存知でしょうか。「本人は何もできない」です。実はこれも、取材のなかで教わったことです。

にもかかわらず人々は自分の葬儀を考え、準備をします。だとすれば、葬儀とはいったい誰のものなのか、何のためのものなのでしょうか。

本書は二〇〇四年十一月から二〇〇六年五月まで、「しんぶん赤旗」日刊紙「くらし・家庭」欄に連載した「現代こころ模様　葬儀考」を大幅に再構成し加筆したものです。登場人物の肩書や団体名は新聞掲載時のままとしました。

（注）『霊・超能力と自己啓発――手さぐりする青年たち』（共著）、『現代こころ模様――エホバの証人、ヤ

マギシ会に見る』『自己啓発セミナー――「こころの商品化」の最前線』（以上、新日本新書）、『霊・因縁・たたり――これでもあなたは信じるか』（かもがわ出版）に所載。

目次

第一部

火葬場から見えてくるもの

最後の別れの場になる炉前ホール（東京都内の斎場、上）、**清潔感ただよう香南斎場**（高知・香南市、下）

できない「やり直し」

東山三十六峰、花山《かざん》山中に京都市中央斎場があります。火葬炉二十四基。年間一万四千人近くが、ここで火葬されています。葬儀式場は併設されていません。

ロビーに茶色の法衣の僧侶が二人。京都仏教会が派遣する奉仕僧です。焼香台を用意したり撤去したり。頼まれて経も読みます。

仏教会と京都中央葬祭業協同組合の共同事業です。「斎場利用者の九割は仏式だけれど、さまざまな理由で僧侶を頼めない人もいる。手厚く、最期《さいご》の別れの手助けを」と仏教会の長沢香静事務局長。

「儀礼や読経《どきょう》を通して、遺族は別れの心をかためていけるのではないか」といいます。

真宗大谷派蓮沢寺の葛城法照住職（四八歳）は、月に四、五回この勤務につきます。一九八三年以来二十年余り、人がその形をなくす場所に立ち会ってきました。

さまざまな別れを見てきました。

大勢に見送られる人もいれば、付き添いは民生委員だけということもあります。だが、それで生前の幸、不幸をはかることはできない。棺《ひつぎ》にしがみつく人。閉まった炉の扉をたたきつづける人。「次の人に迷惑がかかるから」と、それをなぐさめる家族。逆に、淡々と見送る遺族……。

少年少女の遺影だと自分もつらくなる、と葛城住職。「この人の人生は」を思いやることもあります。そして、「どう生きるのか」と自分に問いかけることも。

読経を頼まれた遺族から「お山でお別れをしてくれた坊さんに、納骨や四十九日をしてほしい」と、申し込まれることも。別れの場には、そんな出会いもあります。

香南斎場「やすらぎ苑」。高知県香南市（旧赤岡町）にあります。旧九市町村による斎場組合の運営。火葬炉のほか、葬儀・告別式場や食事のできる控室も備えた、近代的施設です。

炉前業務担当の井上公展さん（五六歳）は、この道十六年。台車で棺を運ぶことから火葬後の収骨まで、「手順は覚えたけれど、慣れたという気分はない。遺族が帰ったあと、あのときこう言ってあげればよかったと思うこともしばしば」と言います。

収骨室。木と竹をセットにした箸《はし》が用意されています。この世とあの世はすべてが逆だから、〝木に竹を接ぐ〟というように正反対のものを一緒にする。そんないわれがあるそうです。

まず、故人にいちばん近い二人が足の親指を拾って壺に入れる。これが「はさみあい」。その後は一人ひとりが足の方から順に拾う。骨壺のなかに〝座る〟イメージです。下あごの間に第二頸骨《けいこつ》（その形から「のど仏」と呼ぶ）と、胸の上に組んだ指の骨（むね仏）を入れ、最後に頭蓋骨《ずがいこつ》で全体をおおう……。それぞれの所作には意味があるだろうけれど、井上さんにもよく分からない。ただ「先輩に教えられた通り」に。

収骨の手順は地方によってかなり違います。関東は全部収骨、関西は部分収骨が主流という違いもあります。だから炉の構造にも違いがあります。

火葬場には葬儀のようなセレモニー性はないけれど、遺族にとっては決定的な瞬間を迎える場。しかも「やり直し」は絶対にできない。

だから、過度の〝思い入れ〟は避け、スムーズに運ぶようにと、井上さんは心掛けています。「ある意味では、『いつの間にか済んだね』と思っていただくのが大事ではないか」。

そして「お疲れになりませんように」と送るのがつとめ。そう考えています。

最後のお手伝い

香南斎場「やすらぎ苑」の炉前業務担当は四人。そのうち斎場組合の正規職員（地元の自治体職員並みの待遇）は井上公展さんだけで、残る三人は業務委託契約。予算の壁があるからです。ほかに事務職員が二人。炉裏業務（炉の操作）はメーカーの技術者が担当しています。

一九九〇年に設備を一新。火葬炉七基と、手術後の臓器などを処理する「汚物炉」一基を備えています（職員は「汚物」の呼称を避けて「胞衣炉《ほうい》」と呼んでいる）。

友引と年末年始（三日間）を除き、年間約三百日の稼動。一千六百件近くの利用です。近隣の市・町営火葬場では、午後の搬入は翌日収骨になる。そんな設備の違いにもよるのでしょうか。「組合外利用が増えている」と宮崎辰已事務長（三八歳）。一九九七年に年間百二十件だった組合外利用は、二〇〇二年には三百二十件になっています。

町役場の臨時職員だった宮崎さんに「火葬組合のポストが空いている」と声がかかったのは、十年余り前。一度は断りました。「火葬場」に抵抗感がありました。「設備も新しい。考え直せ」と勧められて九四年に就職。十年後の今、「別の仕事に就く気はなくなった」と言います。「笑顔でここに来る人はいない。その人たちへの最後のお手伝い。誰かがやらねばならないし、『お世話になりました』の一言が生きがいになりつつある」と。

その宮崎さんが力を込めて語りました。

「うちは近代設備だからまだいい。炉前と炉裏を一人でやったり、身分の不安定な職場が多いんです」

各地の火葬場が加盟する日本環境斎苑協会によると、稼働中の火葬場は全国に約千六百。その五〇パーセント以上が、職員一、二人という施設だといいます。

地方には、月に数件の利用という火葬場も少なくない。それでも、いつでも利用できるようにしておかねばならない。地域に必要な施設です。

日本は〝火葬大国〟だそうです。厚生労働省の資料によると、二〇〇二年の死亡者は約百七万三千人。そのうち火葬された人は約百六万九千人で、火葬率九九・六パーセント。十道府県では一〇〇パーセントの火葬率です。

日本環境斎苑協会がまとめた統計では、日本に次ぐのは香港の八三パーセント。チェコ七七パーセント、シンガポール七七パーセントがつづきます。中国は五一パーセント、米国は二八パーセントです（小数点以下四捨五入）。

キリスト教国に根強い「復活信仰」など、宗教的背景による違いもあるようです。国民の九九パーセントがイスラム教徒とされるトルコでは、ほとんどが土葬。イスラム化する前のトルコ系民族には火葬・散灰習慣があった——そんなリポートもあります（葬送の自由をすすめる会『再生』五一号）。

日本環境斎苑協会の島崎昭理事長によると、日本には、火葬を否定しない仏教文化や朝廷の動向という〝下地〟がありました。七〇一年の大宝律令は薄葬《はくそう》（簡単な葬儀）・火葬を奨励。七〇二年没の持統天皇も火葬され、文武、元明、元正天皇らもそれにつづいたといいます。念仏僧による餓死者や行《こう》旅死亡人《りょしぼうにん》の火葬が社会事業的におこなわれたそうです。

その後、変遷《へんせん》をたどりますが、一八九七（明治三十）年の伝染病予防法制定で、自治体による火葬場設置と管理の体制がつくられました。そして戦後、環境衛生意識の高まりや高度成長政策による人口の都市集中と墓地の用地不足などの条件が重なり、火葬率は急速に増加しました。

長煙突に黒煙、異臭と陰気。ひと昔前の火葬場の代名詞です。それが、石炭から重油、灯油、ガスへと変わり、公害防止用の再燃焼炉など設備の近代化、通夜・葬儀・告別式場併設などの多機能化……と、イメージは変わりつつあります。

国（地域）別火葬率

（上位10、2002年）

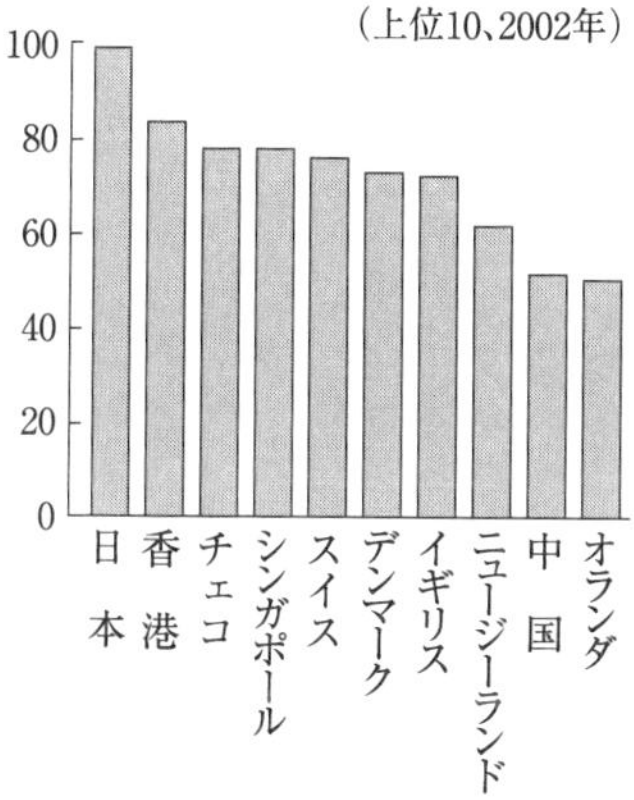

「将来を見通した火葬場の適正配備。地域になじむ施設を」と、島崎理事長。そのため、設備改善とともに担当職員の技術・処遇改善などの課題を提起しています。

残った骨と灰は……

火葬すると骨と灰になります。副葬品の焼却物もまじっています。火葬場は、副葬品に気をつかいます。公害発生源になったり火葬炉を傷めるものがあったりするからです。

遺族が収骨したあともかなり残ります。全部収骨する関東でも、火葬炉十基の施設で週に五、六十キロ。部分収骨の関西ではその五～六倍になるといいます。

その残骨灰の処理は墓地埋葬法にも格段の規定がありません。「施設内に保管」「公共墓地に埋める」という火葬場もありますが、多いのは「専門業者に委託」です。

ひと昔前の「専門業者」は、金歯など貴金属回収が主な目的だったそうです。環境問題などで事情が変わり、処理の方法に重点が移りました。

業界団体の自然サイクル保全事業協同組合によると、まず回収した残骨灰から金属や消石灰（火葬炉の台車保護剤）を分離します。次に固形物を粉砕して粉状にし、高熱処理をする……。そんな過程を経て、「限りなく残存物ゼロに近づける」（田村浩章理事長）。これは、同協同組合の自主的なルールです。

実は、工程のいくつかを省略して、産廃に混入して処分する業者もいるらしい。住民の苦情や自治体議会で問題になったこともあります。そんな処理方法なら利益も大きいのでしょう。火葬場を経営する自治体との契約で〝一円入札〟も各地で起こりました。

業界秩序回復や技術向上をめざして設立したという同協同組合は、「残骨灰処理の明確な基準」づくりを行政に求めています。

同協同組合では、最後に残った骨粉を石川県奥能登の総持寺祖院に納骨し、毎年九月に「最終供養」を実施しています。京都市や宇治市の火葬場を利用する京都中央葬祭業協同組合も春秋の二回、京都仏教会との共催で「焼骨灰供養」を実施しています。

ふえる「友引」開業

火葬場は「友引」に休業。従来、それが普通とされてきました。

東京二十三区の火葬場（九カ所）でも、友引に休まないのは、二〇〇四年一月にオープンした臨海斎場だけ（同斎場は正月三が日のみ休業）。ほかはすべて友引休業です。

「友引に関係なく、休業は一月一日と月に三回」という京都市中央斎場も、「利用者の少ない日を選ぶと、結果的に友引休業になる」。

「友を引く」として、この日の葬儀を忌《い》む風習から、ほとんどの火葬場が友引休みにしてきました。

その結果、友引の翌日は非常に混雑します。東京二十三区でも「数日待たされた」という苦情は少なくありません。キリスト教界などからの批判もありました。

大安、仏滅、友引など「六曜《ろくよう》（六輝《ろっき》ともいう）」は、十四世紀に中国から伝わり、変化を重ね、江戸後期に吉凶占いとして広まったとされています。もともと宗教教義とは無縁。例えば真宗大谷派は親鸞の『和讃』から「かなしきかなや道俗の　良時吉日えらばしめ……」を引き、「仏教では『日』の善し悪しを見ることを否定しています」と説いています。

臨海斎場が友引開業にしたのは、「迷信に左右されたくない人は多く、施設不足解消という建設目的からも休みは少なくしたい」から。首都圏では横浜市営（四斎場のうち一つが持ちまわりで開業）や大和斎場（神奈川県大和市）などが友引開業です。市民の要望や公的施設という立場を考えた措置だそうです。利用率は「通常日よりやや少ない」（大和）程度。二十年以上前から友引開業の三重県四日市市は「市民に定着し、通常日と変わらない」といいます。同市の友引開業には、地元仏教界の強い働きかけもあったそうです。住民意識は変化し「日柄《ひがら》を気にしない」人は増えています。火葬の世界でも変化が始まっているようです。

営利の対象？

なんとも認識不足でした。火葬場は営利の対象ではないと思い込んでいました。

墓地・埋葬等に関する法律では、墓地や火葬場の経営は「国民の宗教的感情に適合し、且《か》つ公衆衛生その他公共の福祉の見地から、支障なく行われること」（第一条）とされています。墓埋法にもとづく厚生省局長通知（二〇〇〇年十二月六日）は、「経営主体は、市町村等の地方公共団体が原則であり、これによりがたい事情があっても宗教法人又は公益法人等に限られる」としています。

つまり民間が入る余地はない。ところが民営火葬場がありました。しかも、全国に十七とされる民営火葬場のうち八つが東京に集中。東京二十三区内では九つのうち七つまでが民営です（都営一、公営一で、民営のうち六つが東京博善、一つが別の企業の経営）。

伝染病予防法（一八九七年）などを契機に自治体火葬の方向が定まり、自治体による民営火葬場の吸収合併が進みました。そのなかで東京は、墓埋法施行（一九四八年）後も例外的存在のまま。

東京では明治半ばに民間が火葬場経営を始め、大正末期からはそれが宗教法人経営になりました。その後、再び経営権が民間（現在の東京博善）に移りますが、その間、政商とされた小佐野賢治氏系列の資本が動いたといいます。

なぜそうなったのか。東京博善は「取材には一切応じない」。本来なら経営主体のはずの東京都の担当課は「わかりません」。では現在の都内の火葬場経営の現状をどう見るかという質問には、「法律上は都知事の許可事業だが、区市町村の委託事務にしたから、都ではわからない」。墓埋法は知事に立ち入り検査や報告徴収権があるけれど、これも「委託しているので……」。これでいいのだろうか、と思いました。

民営火葬が〝悪い〟とはいいません。実際、規模も設備も整っています。職員も多く、その分サービスの量も多く見えます。「人生最後の儀礼にふさわしくと心掛けている」と強調する経営者もいます。だが、気になることもあります。

一つは料金。東京・江戸川区にある都営火葬場は都民の場合一万八千円、同港区の公営火葬場は二万三千円ですが、都内で六斎場を経営する民営企業は四万八千三百円。

しかも民営は火葬料にも格差があります。特別室十万七千五百円、特別殯館《ひんかん》十七万七千円。「炉の性能に区別はない」と民営経営者。豪華な棺を入れられるように炉の間口が少し広いとか、炉前ホールが個室で豪華で広い……そんな違いなのだそうです。

控室や待合室の使用料も公営よりかなり高い。有料の控室でなくロビーで待っていてもよいけれど、料金表には「椅子席《いす》」一人二百円とあります。

「困るのは心付けですよ」というのは都内の葬儀業者。心付け（チップ）は昔は常態化していました。最近はほとんどが「厳禁」です。

それが、都内の民営火葬場の場合、葬儀業者が「お客さんには、葬儀料金のほかにチップを用意しておいてくださいと、事前に伝えている」そうです。同葬儀業者が明かすその金額は、炉前担当者に五千円、控室担当者三千円、霊柩車《れいきゅうしゃ》五千円、マイクロ車三千円、ハイヤー二千円……。

「うちはもっと高い」と別の葬儀業者。炉前は七千円、ハイヤー・マイクロ車は三千～五千円で、「出さないと請求されることもある。心付けを組み込んだ給与体系になっているらしい」といいます。

雑誌『ＳＯＧＩ』（表現文化社）で碑文谷創編集長が霊柩車協会幹部にインタビューしています。

「スパッと『受け取り禁止』と言ってはどうか」と迫る編集長に、協会幹部は基本的には同意しながらも「火葬場が民営のところでは、もらうことを前提にしていて……」と答えています。

火葬場が足りない……

二〇〇四年一月、東京・大田区の東京湾埋立地にオープンした公営の臨海斎場。大田、港、品川、目黒、世田谷の五区による広域斎場組合の運営です。

火葬炉八基、葬儀式場四室、仮眠可能な控室などを設置。炉は二基分の増設スペースを確保しています。都市ガスを使い、再燃焼炉で完全燃焼させたうえ、バグフィルターを通し、触媒装置にかける……。「環境には最大の配慮をした」と、開設時の佐藤一義事務局長は語っています。

開設から七カ月間で火葬の利用は千八百三十四体（九二パーセントが組合内）、併設した葬儀場の利用は七百三十四回。「当初予測を上まわっている」（事務局）といいます。ただ、待合室の利用は予測以下。身内中心の小規模葬儀化でわざわざ待合室を借りなくなったためでしょうか。

開設に踏み切る背景には、「高齢化社会のなかで、長く強い住民の要望があった」と佐藤氏は言います。

国立社会保障・人口問題研究所が将来の死亡推計をしています（一九九七年発表）。一九九六年に九十一万人だった死亡者は、二〇〇七年には百二十万人台、二〇一八年には百五十万人台……と急速に増えます（ピークは三四～三八年の百七十五万人超）。八つの火葬場しかない東京二十三区で、これに対応できるのか。関係五区でつくった広域火葬研究会で需要予測をしました。その結果、このままでは二〇一八年には五区内で十四基（二十三区で五十四基）、二〇三三年には二十三基（同八十七基）が不足になることが判明しました。

「城南地域（東京南部）にも火葬場を」。東京都に要望したけれど、都にその意思はない。その時ではまにあわない、自力でやろう――。そんな議論のすえに誕生したのが臨海斎場です。

首都圏だけのことではありません。団塊の世代もまもなく〝そのとき〟を迎えはじめます。火葬対策をどうするのか。団塊世代を過ぎれば事情は変わる、という議論もあるけれど、やはり深刻な問題です。

阪神・淡路大震災からの教訓

突然、火葬場が不足することもあります。災害に見舞われたときです。一九九五年一月の阪神・淡路大震災。直接の犠牲者だけで五千五百人を超しました。関係者はこれにどう取り組んだのか。神戸市の記録や当事者の話でふり返ると――。

地震発生は十七日午前五時四十六分。震度7。翌日の警察発表で死者千六百人余。十九日には二千九百人、二十日四千人と、増えつづけました。

神戸市斎園管理協会（現・市斎園係）は震災当日、施設の点検に入りました。揺れの弱い地域にあったためか、三つの市営斎場（五十一炉）の被害は軽微。翌日からフル稼働の態勢を敷きました。

当初は、遺族が乗用車や軽トラックで搬入する例が多く、毛布や白布でくるんだままの遺体も少なくない。交通渋滞で予定時間にも遅れます。鵯越《ひよどりごえ》斎場は午前六時半から午後十時まで、ほかの斎場も午前八時から午後八時まで火葬にあたり、受け付けは深夜に及びました。

通常なら火葬炉は一日一〜二回転。それが連日三〜四回転のため、断熱扉の膨張、台車の損傷、バーナー異常……。炉メーカーの技術者も応援にかけつけました。

燃料の灯油も市内では調達できず、パトカーの先導で兵庫県姫路市から運びました。骨壺《こつつぼ》も急遽、愛知県瀬戸市の業者に発注。

そんななかでも、「遺族の心情を考慮し、希望があれば棺のふたを開け、最後のお別れをしていただいた」といいます。斎場の駐車場にはテント張りの仮設告別式場をつくりました。

――そのころ、川崎市の日本環境斎苑協会事務所も臨戦態勢に入っていました。厚生省（当時）からは、近隣都市の火葬能力一覧表など資料や情報の要請があいつぎ、それに追われました。最終的には必要がなくなったけれど、新潟や札幌の火葬場職員・OBも応援のためスタンバイしていました。

阪神・淡路大震災時の広域火葬件数

都府県	件数
兵庫	3089
大阪	937
京都	307
岡山	154
奈良	65
和歌山	38
広島、愛媛	21
愛知	20
香川	19
滋賀、徳島	15
鳥取	13
島根、福岡、長崎	10
三重、山口	8
石川、静岡	7
佐賀	6
神奈川、福井、高知	5
岐阜、鹿児島	4
東京、大分、新潟、宮崎、熊本、群馬、栃木、宮城	1〜3

（注）兵庫県下の火葬は最終3720件になった。（95年1月26日時点、日本環境斎苑協会調べ）

震災から約半月後の一九九五年二月四日、犠牲者の火葬はほぼ終了しました。三カ所の神戸市営斎場で約二千五百体（焼骨含む）、兵庫県全体で犠牲者の六七パーセントに当たる約三千七百体が火葬され、残る遺体は他府県の支援にゆだねられました。陸路のほか、ヘリや巡視船も動員。日本環境斎苑協会の調べでは震災から九日後の一月二十六日時点で、大阪府で約九百三十体、京都府で三百体、岡山県で百五十体を火葬しています。遺族が独自に手配したものを含めると、宮城県から鹿児島県まで三十四都府県で火葬されました。

災害救助法では、遺族の資力にかかわらず、火葬（棺や壺の支給も含め）は救助実施機関（神戸市）が行うとされています。市は遺族が独自にした火葬も対象にするよう国や県に働きかけ、実費弁償にしました。費用総額は二億五千万円でした。

なぜ円滑に火葬できたのか。斎苑協会は、関係者の努力や広域支援のほかに、▽現地の火葬場が無事だった▽京阪神ベルト地帯（東海道線沿線）の火葬場が高度に整備されていた▽冬季のため遺体の保存が比較的可能だった――などの要因をあげています。もし、どれかが欠けていたら、困難ははるかに大きくなっていたでしょう。

同協会は全国地域別の火葬場・炉の整備率を試算しました。阪神・淡路大震災で主力になった兵庫・大阪・京都・岡山の炉数を一〇〇とすれば、東京・神奈川・埼玉・千葉の整備率は六五。「背すじが寒くなる実態」（島崎昭理事長）です。

同協会は二度にわたる現地調査もふまえて、災害対策マニュアル策定を急ぐべきだと提言。島崎理事長は「とくに首都圏は、施設整備とともに船舶の活用を含めた搬送体制を視野に入れる必要がある」とのべています。

厚生省（当時）は一九九七年十一月、近隣都府県との連携体制や遺体保存、搬送などについて「広域火葬計画策定指針」をまとめ、都道府県に通知しました。

火葬場まで民間委託とは……

阪神・淡路大震災から三年後の一九九八年九月、集中豪雨が高知市を襲いました。火葬炉十基を備える市営斎場の裏山が崩壊。稼働不能になりました。この危機を救ったのが、さきに紹介した香南斎場でした。

高知市周辺の火葬場は三カ所あるけれど、炉数七基で設備が新しく処理能力のある香南斎場に集中。市営斎場が復旧するまでの一カ月近くの間、高知市の死亡者の九割近くに当たる約三百体が運ばれました。秋のこの時期は利用数は比較的少なく、通常なら一日五〜六体のところを連日、十三体。設備も職員もフル回転で対応し、緊急事態をしのぎました。

香南斎場の宮崎辰巳事務長は、「緊急時の広域火葬体制。その大切さを再認識した」とふり返ります。

香南斎場のロビーに、火葬を待つ男性（六一歳）がいました。闘病中、痛みに耐えながら「迷惑をかけてごめんね」と言っていた妻の火葬です。ポツリと、こう語りました。「君がいてくれるだけでいいいんだ」。そう言ってやればよかったのに、今になってその言葉が浮かんできたのが悔しい、と。

焼けた骨を収骨した遺族に、「お疲れになりませんように」とだけ声をかけて送った火葬場職員の、さりげない気配りも印象に残りました。

なんでも民営化。そんな「改革」路線が進行しています。火葬場の〝民間委託〟論も強くなっていると聞きました。たしかに、取材した火葬場の大半で、炉前業務は正規職員と業務委託が混在。炉裏業務（炉の運転・管理）はすべてメーカーの職員が受け持っていました。自治体の全面直営火葬場はすでに三割程度という調査データもあります。

告別式や葬儀は、するかしないかを含めて個人の判断によるでしょう。火葬は避けて通れない「死」の過程。せめてそれだけは、と思います。

ひとくちメモ

遺骨と棺

火葬後の遺骨は、必ず引き取らなければならないのでしょうか。この質問は、葬儀の勉強会でもよく出てきます。

各地の火葬場に聞いてみました。

「条例で引き取りを定めているが、（まったく身寄りがないなど）特別の場合は申請書を出してもらい、他の残骨灰とともに施設内で供養（処分）することもある」（神戸市斎園係）。

そんな回答もかなりありました。しかし「引き取っていただく」が圧倒的に多い。

厚労省生活衛生課によると、法律にはとくに規定はないけれど、引き取りが原則だそうです。墓地埋葬法は、「(火葬場管理者は)火葬の求めを受けたときは、正当な理由がなければこれを拒んではならない」(一三条)としています。

逆に言えば、正当な理由があれば拒むことができる。そして、「遺骨は引き取らない」は、火葬を拒む「正当な理由」になりうるというのが厚労省の見解です。火葬場の本来の業務は「焼く」ことであり、「焼骨を処分する」ことではないからです。

火葬場の団体・日本環境斎苑協会の島崎昭理事長によると、もっと現実的な事情もあります。喪主が「引き取れない」といっても、後になって他の遺族から苦情が来ることもあるからです。

献体の場合はどうか。日本篤志献体協会によると、献体には肉親の同意や遺骨引き取り人の確定が必要。ただし「事情があれば、大学内の納骨堂におさめることも可能」という大学もあります。

宗教上の理由で引き取り拒否を希望する人々もいます。同時に、日本人には「骨」にたいする特別の思いも根強くあります。

六十余年前の戦争で、戦死者遺族に届けられた白木の箱には紙片や石しか入っていなかった。そんな遺族の多くはいまなお、遺骨もかえしてもらえないことの無念さを抱きつづけています。「棺に入れないと火葬できないのか」という質問や、「棺は専門業者の物でないといけないのか」という質問も寄せられています。

阪神・淡路大震災(一九九五年一月)の直後には、毛布や白い布で包んだ遺体も火葬場に運び込まれました。しかしこれは、緊急時のきわめて特殊な例。結論をいえば棺は必要です。

「棺がないと、火葬自体が困難になる」

斎苑協会の島崎理事長は、技術的な立場からそう指摘します。火葬炉に入れる台車の上部はステンレス。これに遺体を直接置くと燃焼効率が極端に低下するのだそうです。

葬送を考える市民団体エンディングセンター代表の井上治代さんは、それに加え、死者にたいする「こころ」の問題を提起します。

「遺体の顔を布でおおうのも、棺に入れるのも同様。なきがらを露出させずに守ってあげたいという、残された者の思いがある。遺体を炉に出し入れする火葬場職員にとっても、露出したままというのは耐えられないのではないか」

その棺は――。

「専門業者の物でなく、自分で造った物でも何ら問題はない」と島崎氏。ただし、炉に入る寸法かどうか、ダイオキシンなどを出さない材質かどうかといったさまざまな規制はあります。

「合板のような材料には注意をしてほしい」というのは東京の炉メーカー社長。接着剤によっては燃焼効率を下げたり、大気汚染の要因になる危険があります。

最近では紙製の棺も市場に出ています。非常に硬い、特殊な紙を使っています。井上さんによると、英国などでは「紙の方が早く土にかえる」という考え方も普及しつつあるそうです。

棺だけを販売する葬儀社もあります。

第二部

葬儀の現場で考える

自分らしい葬儀を、と考える人が増えているが……（上)、**生前契約にもとづいて行われた「なごみ葬」**(80万円セット、下)

これも「別注料金」？

東京・町田市のIさん（五九歳）。同居の義母が死去しました。八十七歳、老衰でした。三年前のケガが原因で寝たきり。「要介護5」、認知症（痴呆《ちほう》）もかなりすすんでいました。一応の覚悟と心積もりはできていました。心積もりの一つが「今度は専門業者に頼もう」でした。

十年余り前に、義父の葬儀もしました。そのときは近くの自治会館を借り、半ば自力でやりました。死亡届や火葬・埋葬許可など役所の手続きから、出身地の北海道から来る親類用の貸布団の手配まで。そんな用務に気疲れも重なり、心静かに送るゆとりがなかったからです。

義母は、親しい身内中心に静かに送ってやろう。ご近所の友達も高齢で、斎場（葬儀場）まで足を運ぶのは大変だから、後日に自宅で。少々費用がかかっても少人数の葬儀だから……。

義兄が入っている退職者共済の縁で、K社に頼むことにしました。首都圏を中心に十六の斎場を持つ中堅の冠婚葬祭互助会です。自宅に一番近い斎場が、ちょうど空いていました。

Iさんが選んだのは喪家の基本負担二十四万円のコース。しかし、それでまかなえないのは業界の常識です。

「一級葬祭ディレクター」の名刺を持つ担当者が来て、料金表やカタログ類をひろげました。

祭壇は平均的な「共済A」セット。寝棺も規格物。遺影代、ドライアイス、納棺用品、霊柩車……。直接の「葬儀費用」だけで四十八万円。これに「別注」が加わります。

式場使用料（一般料金二十五万円のところ会員料金十五万円）も別注扱い。それに額花、料理、返礼品、葬儀場に泊まる親類用の布団代……と、別注の追加料金は約百万円になりました。

そのなかに「哀悼貢献者」（二人分で六万円）がありました。K社の担当者一人では間に合わないので応援につく助手の費用です。「こんな費用までいるのかと驚いた」とIさん。しかし宴席の準備や返礼品の渡し方、僧侶に布施を渡すタイミングと、その働きぶりをみて「納得した」と言います。

わからないのが「ガードマン」（一人三万円）。K社所有の斎場でおこなう葬儀に、なぜガードマンを別注しなければならないのか。いまなお疑問のままです。

寺の手配をどうするか。北海道のIさんの実家は浄土真宗本願寺派（西本願寺）です。それを伝えると「では当社が手配します」。横浜市の同派寺院でした。K社紹介の規定料金は通夜・告別式・初七日あわせて三十万円の「布施《ふせ》」と「お車代」二万円。戒名にランクがある宗派と違い真宗系の法名は通常「釈○○」だけ。そのぶん、気遣いをせずに済みました。

総額約百八十万円。これが高いのか安いのかIさんにはわからない。でも役所の手続きなどすべてを自分でやって疲れ切った十年前の義父の葬儀とは違い、余裕を持って送ることができました。だから「自分としては満足できた」と思っています。

「それにしても……」と、Iさんは義母の葬儀を振り返ります。葬儀には、何と「追加注文」の多いことか。しかも、葬儀社の勧め方が実に巧みでした。

「故人は女性だから、花で飾ってあげましょうよ」

高さ一メートル、幅二メートルほどを花で飾れば約十五万円。そこまでしなくてもと断ると、「せめてお写真のまわりだけでも」。それくらいは、となって五万円の追加。「湯灌《ゆかん》はぜひ」「骨壺もう少し立派なものに」、高張提灯《たかはりぢょうちん》、家紋水引幕、回転灯籠《とうろう》……。追加材料にはきりがありません。霊柩車は国産の指定車で三万五千七百円だけれど、リムジンにすれば十万円超。

Iさんだけの体験ではありません。遺影は自分で用意しようと思っても「葬儀用の写真には特別の技術が必要ですよ」。「いまどきこれではさみしい」「よそさまでは」などと言われると、やはり動揺してしまいます。

Iさんの場合、葬儀社との相談の場に義兄や義弟が同席していました。その誰かが、「そこまでしなくてもいいよ」「それで大丈夫だよ」と声を出してくれたので、不要な出費を断りやすかったといいます。

葬送を考える市民団体・エンディングセンター代表の井上治代さん（東洋大学助教授）は、これを「業者との交渉としては良い方法だった」と言います。実際、肉親を失って動転しているとき、百戦錬磨の業者を相手に、即決を迫られたのでは太刀打ちできません。

「しかし」と、井上さん。「一方的に業者を非難することはできない」とも言います。利益を追求するのは企業として当然。二十四時間対応の体制がいるうえ、祭壇や棺といった装具の倉庫維持など、見えないところに経費のかかる業界だからです。

「死や葬儀をタブー視せず、日ごろから勉強し、こんな葬儀をしたいという希望や形式を選んで段取りしておく。それが納得のいく葬儀をすることにつながるのです」
井上さんの助言です。

自由葬で「お別れの会」

突然の死でした。田中弘さん。喜寿（七十七歳）の祝いをしたばかりでした。日本共産党中央委員会の元准常任幹部会委員で機関紙誌局長や京都府委員長を歴任。一九八八年、脳梗塞《のうこうそく》で一過性の記憶喪失・半身不随になり、第一線を退きました。

京都市山科で闘病。妻・未年子さんの勧めで始めたリハビリは、党のビラ配りや「赤旗」日曜版の配達、集金でした。一九九三年十一月から琵琶湖一周に挑戦。天気や体調と相談しながら歩き継ぎ、六カ月後に達成しました。これに自信を得て、被爆五十周年の原水爆禁止平和行進で京都府下を通し行進。とはいえ、その後も冠動脈バイパス手術や心房細動で入退院をくり返しました。二〇〇一年に滋賀県の琵琶湖畔に移住し、二〇〇四年九月――。

この夜、産廃施設建設問題の地元説明会に出席。住民側の意見を、一言おだやかな口調で述べました。その少し後、突然倒れました。居あわせた消防団員らが人工呼吸をし、救急車で病院に運んだけれど、手遅れでした。

主治医には「いつ倒れてもおかしくない」といわれ、未年子さんにも心構えはありました。それでも動転していました。病院に紹介された葬儀社の寝台車で自宅に搬送。葬儀もその会社に頼むことになりました。

「どんな葬儀にしましょうか」。未年子さんはいくつかの条件を出しました。夫がよく口にし、メモにもしていた〝遺言〟です。

▽葬儀は簡単に無宗教で。戒名も不要。

▽通夜はしなくてよい。みんなで酒でも飲んでくれ。

▽香典や供花は辞退する……。

「これだけは守ってやろうと、心に言いきかせていた」と未年子さん。「当社では初めて」と業者はとまどいましたが、結局「わかりました。おっしゃる通りにやらせてもらいます」。ただし、使用する葬儀場にスペースがなく、「酒でも飲んで」の遺言は「お茶でも飲んで」に変わりました。

白い花に包まれた祭壇。中央に棺と遺影。四年前の誕生日に孫たちがプレゼントした写真です。共産党関係者の援助も得て、田中弘さんの「お別れの会」が始まりました。

妻の未年子さんは、「無宗教で」の遺言を「自由葬」と理解しました。故人の意思は尊重しつつ、参列してくれる人々それぞれの心を大切にしたかったからです。献花し、黙とうする人。数珠を手に合掌する人。胸もとで十字を切る女性……。文字通り「自由葬」が進行しました。

流れる音楽はホルストの「惑星」。音大生の孫が、ジュピターをメーンに組み立てました。仏教式で読経《どきょう》に当たる時間帯に弔電を紹介するというような工夫もしました。

日本共産党の市田忠義書記局長らの「別れの言葉」の朗読。古い友人、仲間たちが、語りかけるように故人をしのびます。

「こんな葬儀は初めて」と言いながらも、さすがに業者。スタッフは手なれた様子で進行に当たります。ただ司会のコメントに「故人のみたまを」「霊前に」「ご冥福《めいふく》を」など宗教的用語が出てくるのは、やはり「初めて」だからでしょうか。

ロビー。テーブルの上に画集やその原画が展示されました。病に倒れてから始めた、田中弘さんのスケッチや切り絵です。画集『湖国讃画』の横には、「ご自由にお持ち帰りください」と。

琵琶湖をいだく滋賀県の風物や労働、暮らしの様子を、ていねいな筆で描いた画集は、弘さんの喜寿を記念して出版しました。死の二カ月前のことでした。

画集のあとがきに弘さんは「病に倒れ、戦線から離脱することは身を切られる思い」「私の代りを、妻が少しばかり果たしてくれている。〝感謝〟の一言に尽きる」と書いています。

つづく未年子さんの文章は、こんな言葉で結ばれています。

「弘さん、喜寿おめでとう！　生きているって素晴らしいことですね」

初七日や三回忌は?

田中弘さんの「お別れの会」は終わりました。約二百五十人の参列者に見送られ、棺は火葬場に向かいました。

気が張りつめていたためでしょうか。「式の間は涙も出なかった」と妻の未年子さん。火葬場に着いても「ピンとこなかった」けれど、骨になった夫を見て初めて切実さがこみあげてきたといいます。「ああ、こんなになってしまって」と。

二カ月後、琵琶湖畔の自宅に未年子さんを訪ねました。小ぢんまりとした居間の隅に、お別れ会で使った遺影。花を生け、亡き夫にあてた絵手紙が添えられていました。

朝、お茶と花の水を替え、遺影をながめる。町の文化祭の練習などで気分転換に努め、何より新日本婦人の会など支えあえる仲間のありがたさをかみしめている……。そんな話の途中、未年子さんは、「実は少し困っているの」と語りはじめました。

夫の遺言通り無宗教（自由葬）にしたことも、その中身もよかったと思っている。でも無宗教だから初七日も四十九日もない。そのため「心の区切りや整理をつけるきっかけがなくて……」。

仏教の葬儀には初七日、四十九日や一年後の一周忌（年忌）、満二年後の三回忌、七回忌、十三回忌などと仏事があります。それぞれに宗教上の意味がつけられ、死者が仏の世界に至る道程として教える場合もあります。

神道にも同様の祭事があります。葬儀後十日の祭り、五十日祭、百日祭（または一年祭）、そして三年、五年、十年……。インターバルは、仏教のそれとよく似ています。

残された者が、故人をしのび、その死を受容し、日常生活を取り戻す。そして新しい生活をつくり出していく。そんな一つひとつの過程を遺族に促す、先人の知恵のようにも思えます。

「復活」を教えるキリスト教でも三日、三十日、一年目のミサ（カトリック）や、一週間、一カ月目や一年ごとの記念式をする例が増えているそうです。

「控えの間」の葬儀

エンディングセンター代表の井上治代さん。「死と葬送の生前準備」を提唱しています。同居していた実父の葬儀は自宅近くの斎場（葬儀場）でおこないました。ただし、借りたのはホールではなく、遺族の控えや宿泊用の和室と僧侶の支度部屋。間のふすまをはずして使いました。「自宅で葬儀をしている形」にしたかったからです。

亡くなる二カ月前、主治医に病状の厳しさを告げられた井上さん。自宅での葬儀が可能かどうか、知人の葬儀社員に調べてもらいました。

昔の住居には大概、ふすまをはずせばまとまった人数が集まることのできるスペースがありました。最近の、とくに都会の住居にはそれがない。井上さんの家もそうでした。できるだけ自宅に近いところで、「控えの間」だけを貸してくれる斎場を探しました。

息をひきとった父親を一度、親子三代の暮らしがあった自宅に連れ帰り、そのうえで斎場に向かいました。

棺を置き、その上や横を生花で飾り、身内や親しかった近所の人々が寄り添う。総額百万円余という経費のことだけでなく、自宅でおこなうような安らぎのある葬儀ができた、と井上さんは考えています。

「生きているあいだに葬儀を考えるのは不謹慎という発想でなく、その最期のときを父らしく心安らかに送ってあげたかった」と井上さん。父親の死後、ベッドの引き出しを開けると、「俺《おれ》が死んだらすぐ……」と書いた袋がありました。共済年金や国民年金の書類と手続きのしかたを書いた紙が、それぞれの袋に納まっていました。預金通帳も、井上さんの姉に残すもの、井上さんに残すもの、自分が使うものと整理されていました。

父親も「死」を準備していたのです。父の深い「思いやり」が伝わってきたといいます。

業者のベルトコンベヤーに乗るような葬儀にしたくない――井上さんは、父の葬儀にあたり、そう考えました。義理で参列する人が多いという風潮にも疑問を持っていました。それは参列者にも気の毒だと。

「控えの間」葬儀の総経費

支払い先	金額(万円)
葬儀社	42.5
寺（布施）	30.0
斎場（会場費等）	20.3
火葬場（火葬一式）	5.7
〃　（休憩室・飲食）	1.3
寸志（事実上の強制）	3.8

・通夜・精進落としの料理は別途
・当日（２日間延べ）出席者35人

鹿児島に住む連れ合い（夫）の両親など、遠隔地の姻族《いんぞく》（婚姻によってできた親類、姻戚）をどうするか。父の死は一月。寒いなか、どんな無理をしてでもかけつける律儀な人たちです。こう知らせました。

――葬式はしません。ただ○日○時から「ささやかなお別れ会」をしますので、その時間に父を想《おも》ってやってください。

「葬式はしない」と伝えることで、安心して地元で送ってくれる。そう思ったからです。父親の戦友や元同僚にも知らせませんでした。ノンフィクション作家で大学教員でもある井上さんの仕事関係者にも、葬儀社の友人以外には知らせませんでした。

斎場の「控えの間」の、身内と晩年の父が親しくしていた近所の人たちだけの葬儀。毎日、仏壇の妻に向かって読経していた父を思い、僧侶を招き仏式の葬儀にしました。最後に井上さんがオリジナルで「送る言葉」を述べました。

アットホームな、心安らぐ葬儀ができたと思う一方、心がかりも残りました。父の戦友や元同僚に知らせなかったことです。もし自分が無二の親友と信じる人の葬儀に立ち会えなかったら、どんな思いが残るだろうか。結論はまだでていないそうです。

四十九日を見計らって、その人たちに手紙を書きました。和紙状のコピー紙に、父の晩年の様子と娘の思いをくわしく書き、忘れな草の種を添えました。「私を忘れないで」が花言葉です。

戦友たちから、若い日の父のエピソードをていねいにつづった手紙が来ました。葬儀であわただしく焼香してもらうよりも良かったかもしれない、と思いました。

後日、近所の女性が声をかけてきました。

「ねえ、咲いたわよ。あの忘れな草が」

ぬくもりが胸に伝わりました。

自分史をふり返り……

斎場の控えの間で父の葬儀をした井上治代さんはエンディングセンター代表。調査活動や学習会、シンポジウム、相談会などを通して、死や葬儀にかんする助言や提言をしています。井上さんには『最期まで自分らしく』（毎日新聞社）『新・遺言ノート』（ベストセラーズ）『素敵な死にじたく』（同）など、著書も多い。

井上さんがこの問題にかかわるきっかけは一九八一年、実母の葬儀でした。業者主導の葬儀に疑問を感じました。そして「母の墓は誰がまもるか」という難題にぶつかりました。

井上さんは二人姉妹。二人とも長男である男性と結婚していました。社会ではまだ、婚家の墓に入るという「家代々の墓」の慣習。では跡継ぎのない実家の墓はどうなるのか。

従来、葬式には「跡取りのおひろめ」の意味があった、と井上さんは言います。焼香の順番も位牌《いはい》を持つのも「跡取り息子」だった。葬儀や墓にはそんな「家」の考え方が根強く残っている。しかし家族や共同体が変化しているいま、新しい葬送のあり方を考え、見直すことも必要ではないか――。

「旧来のやり方すべてを否定するのではない」と井上さん。「なぜそんな儀礼をするのか、その意味を考えたとき、学ぶべきことがあるはずだ」と思うからです。

例えば仏式では、読経をきっかけにみんなが集中できます。経の意味はわからなくても、あの音楽性に身をおくことで精神も高まるのではないか。焼香があるから故人と一対一で別れを告げることができる。神道式の玉串奉奠《たまぐしほうてん》や献花・黙とうも同じです。

井上さんは身近に母の死を体験したとき「誰もが避けられない死」を実感し、だからこそ「生きることを大切にしたい」と思ったそうです。

そして人生の節目ごとに死を意識し、生き方を見直してみてはどうかといいます。「自分史をふり返りながら。それはきっと、よりよい人生づくりにつながると思う」と。

葬るは「放る」？

庶民の葬儀の歴史はそんなに古くありません。僧侶や、継承すべき「家」や「権力」を持つ天皇家や貴族には、古くから葬儀儀式がありました。

庶民の場合は「野ざらし」。山や海に還《かえ》していました。「葬るという言葉も、放ると同義で、葬という漢字は、草の間に死体を置くことを意味している」（安田睦彦『お墓がないと死ねませんか』岩波書店）。

庶民に葬儀が普及するのは十五世紀後半の荘園制の崩壊後。農民による「村」ができ、その共同体のもとで親から子へという「家」の意識が生まれ、それが先祖追慕の考え方につながったそうです。

江戸期になり、幕府が民衆支配の仕組みとして採用した寺請《てらうけ》制度のもとで、葬儀は仏教との結びつきを強めました。仏教は、神道のように死を穢《けが》れとは見ない。それが葬儀と祭事の〝棲《す》み分け〟につながった、ともいわれます。

明治以降も神道は葬儀の主力にはならず、仏教と葬儀の濃密な関係がつづきました。ただし、檀家が日常的に寺を支えるという檀家制のもとでは、葬儀の布施の額はあまり問題になりませんでした。一九四五年の敗戦で、状況は変わります。全日本仏教会元総務部長の野生司祐宏さんによると、農地改革がそのきっかけになりました。それまでの寺は、所有地を小作に貸す地主でした。これを手離すことに加えて戦災被害も重なり、寺は疲弊《ひへい》します。幼稚園や駐車場経営などに乗り出したものの、寺院経営の主力は葬儀収入に移行します。

そして高度成長期に入り、人口の都市集中が進みます。身近に寺を持たない都市住民と葬儀に収入源を求める寺。安定収入を求める寺は葬儀社への依存を強め、業界は弱肉強食の世界へ……。

ひとくちメモ

葬儀業界

総務省統計によると、全国に約六千六百の葬儀業者がいます（二〇〇五年度）。葬儀業は経済産業省所管ですが、許認可も届け出義務もありません（霊柩車運送事業は国交大臣の許可制）。業界には、葬儀専門業者の全日本葬祭業協同組合連合会（全葬連＝約千五百店舗）と、会員の月掛積立金システムの全日本冠婚葬祭互助協会（全互協）とがありますが、非加入業者も少なくありません。その他、農協、生協や自治体が経営する葬儀もあり、最近ではホテルも進出しています。二〇〇〇年当時は、全葬連系が市場の過半数を占め、全互協系は四〇パーセントのシェア率とされていました。その後、全互協系が進出し、二〇〇五年頃には全互協五〇パーセント、全葬連三五パーセント、農協や生協一五パーセント程度とされています。

葬儀の「形」

葬儀の形にはさまざまあります。宗教儀礼をともなう葬儀とそうでない葬儀のような内容による分け方もあります。会葬者の規模や範囲による呼び方の違いもあります。

密葬・家族葬・身内葬

現在ではほとんど同じ意味で使われています。身近な者でシンプルで心のこもる葬儀に、というような意味です。ただ、密葬の起こりは少し違います。

密葬には二つの形があり、一つ目の形は「本葬」に先立っておこなう「密葬」。さまざまな事情ですぐに葬儀ができないときに、とりあえず近親者でおこないます。社葬や団体葬にしなければならない、旅先での死去、年末年始の死去などの場合です。火葬後に葬儀をする風習の骨葬地域では、近親者による火葬を密葬と呼ぶことがあります。

二つ目の形は、「本葬」のない密葬。家族葬や身内葬と同様の意味でおこなう葬儀です。

戦後の「高度成長」期以降、地縁や血縁がうすれる一方で会社関係者など遺族とは直接かかわりのない人の参列が増え、肥大化しました。遺族は葬儀に集中できず、名前も知らない義理の参列者に頭を下げつづける……。そんな傾向に抵抗する形で、一九九〇年代以降、密葬の二つ目の形や家族葬や身内葬が登場したのだそうです。核家族化や、高齢化で故人の知人や縁者が少なくなり、退社時の社縁もうすくなった。そんな背景もあります。

地域のささえあいで……

全日本葬祭業協同組合連合会（全葬連）が日本消費者協会に委託して実施しているアンケート調査（二〇〇三年）によると、仏教式葬儀が九五・二パーセントと絶対多数を占めています。つづいて神道式が一・五パーセント、キリスト教一・二パーセント、無宗教〇・九パーセント、その他と無回答がそれぞれ〇・六パーセント。

仏教式の場合、葬儀費用に加えて布施や戒名料の額がよく話題になりますが、神道やキリスト教の場合はどうでしょうか（布施・戒名については後述）。

葬儀の方法

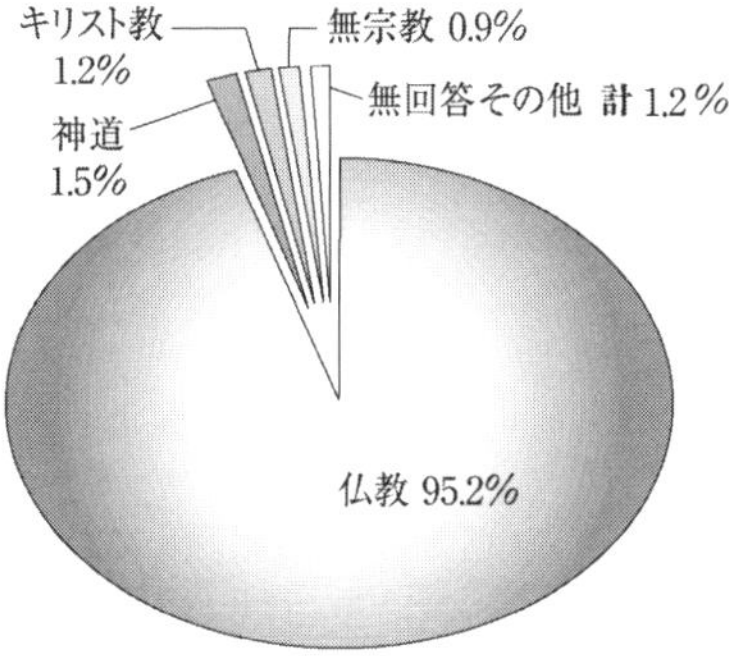

高知県東部の農村で神葬祭（神道式葬儀）がありました。故人は七十四歳の女性。夫が喪主でした。

式場は自宅の庭に面した二間を使いました。神道式祭壇の両側に榊《さかき》を置き、祭壇には酒、米、餅《もち》、魚、干物、野菜、果物、菓子などの供え物。仏教式とはかなり違います。榊は近くの山で調達し、他は一括して農協葬祭部に頼みました。

神職の祭詞（祝詞《のりと》）のあと、身近な親族から順に榊の枝に紙をつけた玉串をささげ、音をたてずに柏手《かしわで》（忍び手）を打つ。そんな形で式はすすみます。

神道では、死者の霊は黄泉《よみ》の世界（あの世）とこの世を行ったり来たりする。それを祖先霊の座に鎮《しず》める。一連の儀礼には、そんな意味があるそうです。

地元の葬儀業者によると、費用の相場は七、八十万円だとか。土地柄でしょうか、飲食費が占める比重が大きく、葬儀自体の費用はかなり安い。

費用のほかにも、この地域の葬儀には特徴がありました。

神職は退職会社員。前任者が高齢化のため、県神社庁の研修を受けて資格をとりました。各部落にある「氏神様」を守る役目です。

部落の人々は出棺の見送りはするけれど、葬儀自体には参列しない。そのかわり、墓地の進入路の整理や弔旗など葬列用具の準備をします。最近は仕出しが増えたけれど、料理づくりを受け持つこともあります。役務を終えた人々は地域の集会所に集まり、そこへ喪家から酒や料理が届く……。葬儀が仏教式の場合でも同じです。

〝裏方〟の仕事は地域住民が受け持ち、喪家にはできるだけ、故人との別れの時間を与える。そんな地域の支えあい＝共同体の力が息づいているようにもみえました。

「農業で暮らせない農政の下で、その力も失いつつある」と、土地の長老。その分、葬儀社への依存度が増えているといいます。

簡潔な神葬祭だが……

神葬祭がおこなわれた高知県東部の農村地域では、部落の半数近くが神道です。高知にはそんな地域が多い。県西部には地区を半分に割り、一方が神道でもう一方が仏教という山村もあります。明治の神仏分離令を乱暴に適用した名残だと聞きました。

県中東部をエリアにする葬儀社によると、年間の葬儀の一五パーセント前後が神葬祭。全国平均（一・五パーセント）よりかなり高い。

神道の場合、死者の呼び方は一律に、生前の名前の下に「命」をつけるだけ。「○○のみこと」と呼びます。女性の場合、「○○刀自命《とじのみこと》」と呼ぶなど、地方ごとにさまざまな形態があります。だから、仏教の「戒名料」のような費用負担も気苦労もしなくてすみます。

仏教の読経に当たるのが祭詞。祝詞の葬儀版です。

「かけまくも畏《かしこ》き○○神社の大前に、宮司○○かしこみて申す」に始まり、何村の誰それが何月何日の何時に何歳で「一世の限りとし、幽世《かくりよ》に隠ろい」と告げたうえ、故人の生いたちを述べる……という具合。仏教とは違い、古語とはいえ日本語だから分かりやすい。費用も安く、簡潔で平明。そんな神葬祭がなぜ普及しないのか。「葬送の自由をすすめる会」のシンポジウムでも話題になりました。

パネリストの中村生雄大阪大学教授（宗教学＝のち学習院大学教授）がこんな分析をしました。

――江戸時代の寺請制度で仏教と葬儀の関係が政策的に強められる一方で、神道はハレの部分に目を向けて死をケガレとして遠ざけた。

――明治以降には、国家神道による統制がすすみ、地方の伝統や習俗に根ざした（葬儀を含む）宗教儀礼が排除されていった。

中村氏はそんな経過を示したうえで「神社界の発想の転換が必要だ」と指摘しました。

教派神道（金光教、黒住教、大本など）にも、それぞれの葬送儀礼があります。このうち金光教は死をケガレととらえないのが特徴の一つだそうです。

キリスト教の葬儀

日本キリスト教団の山本光一さん。大学卒業後、滋賀、岡山、北海道の教会で牧師をつとめてきました。滋賀や岡山は自宅葬が多く、北海道は大半が教会葬。住宅事情もあり、地方ごとに特色があるそうです。

葬儀に立ち会うのは、多くて年に四、五回。信者が少ないことや、故人はクリスチャンでも〝家の宗教〟は仏教というような宗教風土も影響しているようです。

普通は、死の前から骨上げまでの三日間、故人や遺族につきそいます。それで教会が受け取るのは五万円以下。葬儀に収入基盤をおく仏教とはかなり違います。

キリスト教に理解のある葬儀社探しに気を配るといいます。大都市ならキリスト教専門の葬儀社があるけれど、地方にはない。棺を開けると、故人の額に三角の布がつけられていた、などということ

キリスト教式葬儀の流れ

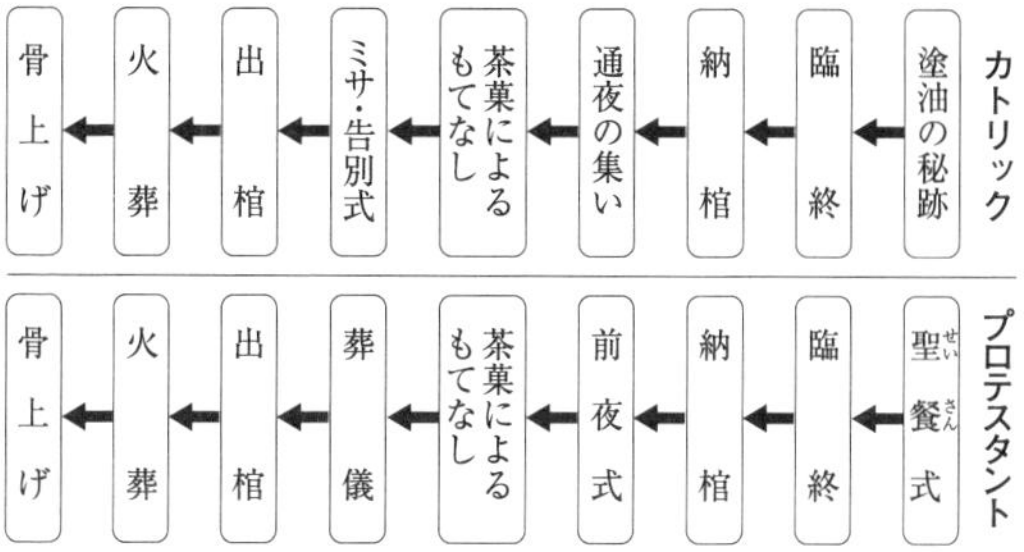

（『大法輪』2004年10月号）

が起きかねないからです。

カトリックとプロテスタントでは、葬儀の流れは少し違います。カトリックでは臨終の近い人の額に聖油を塗って祈る「塗油の秘跡」があり、告別式前のミサのあと香をたいて棺に聖水をそそぐけれど、プロテスタントではそれをしない。そんな違いです。

「日本のキリスト教葬儀は発展途上」と山本さん。日本の風土や習慣と折り合いをつけながら変化し、形づけられているそうです。

山本さんが注目することの一つは、仏教の四十九日、神道の五十日祭や、一周忌という通過儀礼。遺族が、肉親の死を受けいれ、日常性を取り戻していく癒やしの過程として、実によく考えられている。キリスト教界でも、教義上の決まりではないけれど、一年、三年という区切りの「記念集会」をする例が増えているといいます。

カトリックは、諸宗教との対話を説いた第二バチカン公会議（一九六三〜六五年）以降、日本の風土や習慣との協調をはかってきました。

一九八五年には日本カトリック中央協議会が『祖先と死者についてのカトリック信者の手引』を発行。「親類などのつき合いで仏壇を取り除くことができない場合には、仏壇を安置してもかまいません」

「信者でない方の位牌《いはい》は、カトリックの家庭祭壇に置いても差しつかえありません」などと述べています。カトリックやプロテスタントの教派の中にも焼香を認める例もでています。

固苦しい決まりを押しつけるのではなく、その人の死を一番悲しんでいる人に寄り添い、その気持ちを生かした葬儀に。そう心掛けている、と山本さんは語ります。

ふえる葬儀費用

全葬連が日本消費者協会に委託した調査（二〇〇三年）では、葬儀費用の総額は平均二百三十七万円。前回（九九年）調査より約八万円増えています。

その調査によると――

百万円以下	12・5％
二百万円以下	39・9％
三百万円以下	28・5％
三百万円超	19・1％

三百万円超の増加が目立っています（前回17・1％）。

葬儀の小規模化・簡素化がいわれるなかでの二百三十七万円。

「低いほうの割合は変化がないにもかかわらず、高いほうの割合が増加したために平均額が押し上げられた」「（二百万円以下が過半数を占めており）葬儀費用はいわば二極化している」――雑誌『SO

GI』で、碑文谷創編集長はそう分析しています。

「パンフレットのパック料金の葬儀を口頭で依頼したが、割高の請求書が届いた。無断でドライアイス、献花、雑費等のサービスが付加されていた」（六〇歳代の男性）、「五十万円のコースを契約したが、百五十万円の請求がきた」（五〇歳代女性）――国民生活センターが二〇〇六年六月に発表した相談事例です。〝高額の葬儀料金〟のトラブルはあとをたちません。

葬儀料金には独得の仕組みがあります。それを知っておかないと、とんだトラブルにまきこまれかねません。

葬儀費用の総額には、大別して「葬儀一式」「飲食接待」「寺院等」が含まれています。このうち、葬儀社の収入になる葬儀一式だけが過去四回の調査で増えつづけています（今回調査百五十万円、前回百三十一万円）。逆に飲食接待（三十九万円）、寺院等（四十九万円）は停滞・減少傾向にあります。

葬儀費用総額の平均
（単位万円、千円以下四捨五入）

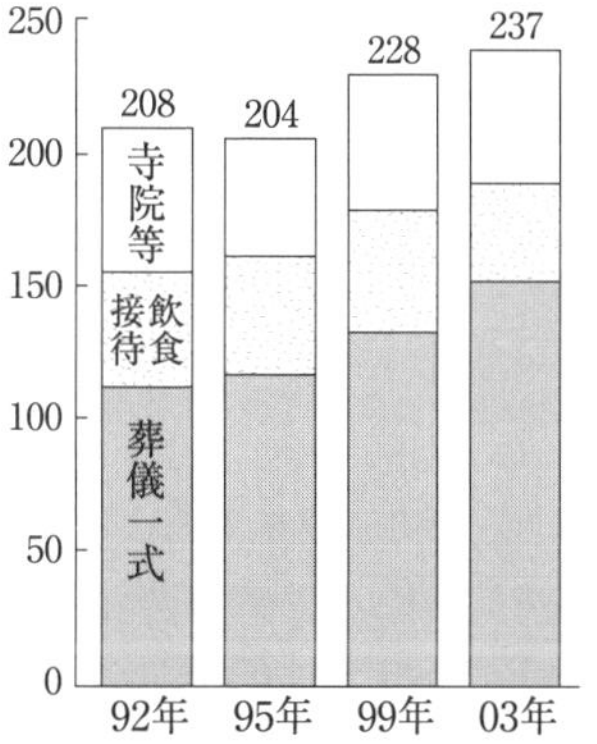

葬儀業者のサービスは多岐にわたります。寝台車や霊柩車による搬送、死亡広告や式場・火葬場の手配、火葬・埋葬許可など手続き代行、通夜や葬儀式場の設営・進行、祭壇など関連備品のレンタル、花輪・生花・料理・礼状・返礼品の手配――これらも葬儀一式に入ります。
問題は、そのどこまでがセット料金でどれが追加料金なの

かがわからず、業者によっても違うこと。統一基準はありません。返礼品や料理は会葬者の人数で大きく変わります。それがトラブルのもとになることも少なくない。

葬儀料金がすべて葬儀業者の収入になるというわけでもありません。

東京都多摩地区で大型斎場を経営する葬儀社が作った出入り業者名簿をみると、○○花店、お茶の××から料理、ナプキン、ランドリー、配膳人紹介、タクシー、写真……と全部で七十一社。葬儀料金には、多数の出入り業者がかかわっています。

「料金の基準はあってないようなもの」と、都内の葬儀社社長。「この業界は手数料やバックペイ（払い戻し＝リベート）で成り立っている」と言います。

料理や花も、返礼品や布施も、形のうえではそれぞれの出入り業者や寺の収入になるけれど、喪家が支払う金額の一定率が葬儀社にバックされる仕組みです。「平均すれば三〜四割」と同社長は言います。

チェーン組織の大手葬儀社の場合、直営斎場にそれぞれ指定の生花店や料理店を置いています。生花店などは喪家から直接支払いを受けず、葬儀社が一括して受け取り、翌月払いなどでバックペイ分を差し引いた金額を生花店などに振り込む。喪家から直接受注した生花店が花を届けると、一個につき千円の〝持ち込み料〟が必要。生花の場合、一部の花を入れ替えて次の葬儀に使いまわしするよう指示されることもあるといいます。もちろんすべての葬儀社がこんなシステムというのではありませんが。

東京・板橋区で生花店を経営する北嶋泰三さん。同業五業者で「板橋花共同体」を設立しました。喪家のバックマージン負担軽減を。花祭壇を安く提供したい。葬儀社と対等の立場で――。そんな願いからです。

共同体と、個人経営の葬儀店や葬儀にくわしい人材派遣業者とが共同で運営する仕組みです。業界の壁は厚いけれど、地域で「新しい葬儀を考える会」を開いて努力しています。

お布施の相場は……

全葬連調査（二〇〇三年）に、こんな質問があります。

「葬儀を経験して困ったことは何ですか」

トップは「お布施と心付けの額」。二七・五パーセントでした。

布施は梵語《ぼんご》dānaの訳。仏教修行の重要徳目で、貪《むさぼ》りのない心で仏法僧などに施すこととされています。布施する人、受ける人、布施そのものがともに清浄であること（三輪清浄）とも教えられています。葬儀のときは通常、白い封筒に「御布施」と表書きし、終了後に僧侶に渡します。

相場は地域によって違います。全葬連調査の「寺院の費用」（全国平均四八・六万円）も、中国地方の二四・七万円から中部B（山梨・長野・岐阜・静岡・愛知）の八七・五万円まで幅が広い。宗派によってもかなり違います。宗教誌『大法輪』

葬儀で寺に支払う金額
（葬祭業者が参考にしている目安）

檀家寺への布施	15〜30万円
檀家外の寺への布施	3〜10万円
戒名・法名	0〜100万円
寺院借用料	10〜15万円

（『大法輪』2004年10月号）

二〇〇四年十月号が、「葬祭業者が参考にしている目安」を載せています（前頁の表）。

いくら包めばよいか。「これ以上でも以下でもよい」と断りづきで地域の相場を教える僧侶もいます。しかし、多くの僧侶は「お志《こころざし》で」――。

たしかに布施は対価や料金ではなく、寺に納めるもので僧侶の収入でもない。理屈はそうだけれど、やはり遺族は困ります。「お志で」といわれて差し出すと黙って返され、あわてて包み直した――そんな例も実際にあります。

浄土真宗本願寺派僧侶の大原光夫さんも「お志で」派。相場よりかなり多く包まれていても、「ありがたくいただく」。

逆に五万円で葬儀を引き受けたこともあります。遺族の女性に窮状を訴えられたから。三年後、その女性が包みを持って訪ねて来ました。「ずっと心に残っていた。退職金が入ったので」と。「そこまで寺に思いを寄せてくれていた。それがうれしく、ありがたかった」と大原さんは言います。

僧侶が「紹介料」!?

布施はいくら包めばよいか。葬儀社経由で寺を頼めばその気苦労はしなくてすみます。

葬儀社が布施や「お車代」の金額を指定するからです。ただし、寺に直接依頼するより割高になるのはやむをえない。寺から葬儀社に戻す「紹介料」が含まれているからです。

「寺院からリベート」「葬儀紹介、お布施の最大5割」――二〇〇二年一月、こんな記事が「毎日新聞」（大阪本社）に載りました。

互助会システム全国最大手の京阪神の営業所が、寺院に葬儀を紹介する見返りに布施の二～五割をリベートとして受け取っている。同社で弟の葬儀をした人は「リベート分は庶民にとって大金。裏取引をやめて、その分、お布施を安くしてほしい」と訴えているという記事です。

実は、この会社に限ったことではありません。「紹介料システムは業界の常識」と、業界関係者は言います。

大手葬儀社と契約している、ある寺の住職の場合――。

指定された葬儀場へ指定の時間に行き、通夜・葬儀・初七日などの法務をこなし、喪家から布施（通常五十万円）を受け取り、その五〇パーセントを会社指定の口座に振り込むという契約です。会社は同様の条件で各宗派の僧侶と契約しています。かなり高率の払い戻しだけれど大手だけに紹介件数も多い。

「安定収入にはなる。しかし……」と同住職は言います。読経には独特の発声や体力が必要で、月に十回もやれば肉体的にも限度を超える。日ごろつきあいのある檀家なら法話もよく考えてやれるけれど、初対面でしかも時間通りやることを要求され、結局、画一的な法話しかできない。これでは、死の悲しみを遺族と共有することもできず、宗教者としての感覚もマヒしてしまうのではないか……。「それが何より怖い」。

紹介料という名の「リベート」でつながる葬儀社と僧侶。もとは密教系だった東京のある寺院は現在、「通仏教」と名乗り、各宗派の僧侶資格者を「職員」として抱えています。葬儀社の依頼で該当宗派の職員を送る、いわば僧侶の人材派遣業です。同院のような宗教法人でなく、会社法人として活動する例もあります。スタッフには複数の宗派をこなす人もいれば、地方の寺の二、三男が「都市開教」として参画する例もあります。葬儀で世話になった坊さんに四十九日法要も頼もうと、名刺をたよりに行ってみるとマンションの一室だった——そんな例もあります。

そんな〝派遣僧〟にも言い分も生きがいもあります。西東京市の真言宗僧侶Mさん(五五歳)。四十二歳で得度《とくど》しました。いま、派遣グループのリーダーです。有限会社にし、「遺族の負担を軽くする家族葬」をテーマに、独自の葬儀企画もたてています。

「都会に出て肉親の死に出会い、せめてお経だけでもという遺族にどう応えるのか。われわれはどんな宗派にも対応する」——Mさんの、派遣僧としての自負です。

これまで千件をこす葬儀で経を読みました。死を認めたくない遺族をどう納得させ、癒やし、日常性を取り戻す援助をするのか。「与えられた時間、全力投球」だと言います。

一度だけの出会いにはしない——。二十歳の娘が交通事故死した母親からはいまも電話が入ります。「私も死にたい」。それをひたすら聞いてあげる。葬儀をつとめた者の使命として。

葬儀社の紹介で義母の葬儀をした横浜の男性から電話が入ったのは十二月三十日。「福岡の実父が急死した。頼む寺がない」。その日の最終便で飛び、そのまま通夜をし、大みそかの葬儀をつとめた——そんな体験もあります。

「檀家制度が崩れ、再編を迎えているいま、葬儀は寺と民衆の新たな接点になっている。（派遣僧の活動は）今の時代の新しい布教活動だと自負している」と語ります。

高額化する戒名料

全日本仏教会（全日仏）が『戒名・法名について』という冊子を出しています。マスコミが「高い戒名料」問題をとりあげたため、全日仏や加盟教団の見解をまとめたもの。「『料』という言葉から戒名・法名を売買しているようで、布施の精神が見失われている」と書いています。

では戒名（日蓮宗は法号）とは何なのか。

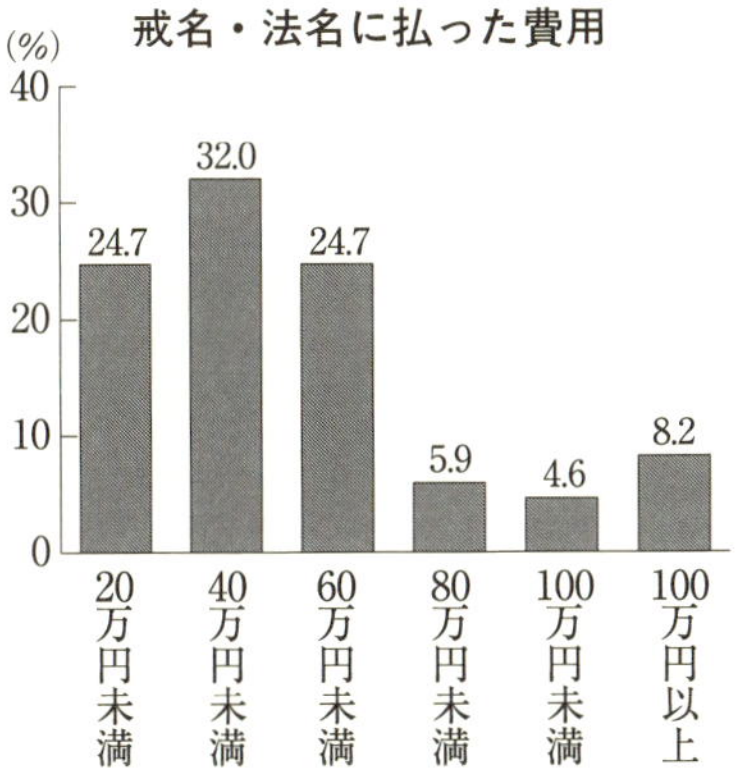

東京都「葬儀にかかわる費用調査」(1996)

▽〝普通〟の場合は、○○信士・○○信女（子どもは童子・童女）。

▽〝格上〟になると、○○居士・○○大姉。

▽もっと〝上〟では、○○院○○居士（大姉）＝字数は宗派で異なる。

院号は、公式には宗門や寺に特別の功績がある場合とされるけれど、現実にはその分、布施が高額になります。

浄土真宗系は教義の上から戒名とは言わず法名。通常は釈○○だけですが、やはり院号を与えることもあります。浄土真宗系では、院号の収入は原則として本山に納めることになっているそうです。

ところで戒名とは「死者につける名前」ではないことをご存じだったでしょうか。

戒名とは、仏弟子になる者が受戒（仏の戒律を授かる）のときに与えられる名前。だから本来は生前に与えられるものですが、仏教葬が普及し始める中世末期ごろから死者にも与えるようになりました。死者を成仏させるうえで欠かせない作法だからだといいます。

今では七七パーセントが葬儀の際の授与（浄土宗調べ）です。しかし、教団も「本来的には、すべての人々が生きている間に受戒することが望ましい」（真言宗智山派）としており、どの宗派にも生前受戒の法会があります。

野生司祐宏・全日仏元総務部長によると、戒名が高額化したのは一九六〇年代の高度成長期ごろから。葬儀収入に依存度を強めた寺の事情。都会に出た人々が一定の〝成功〟をおさめたというステータス志向。それに葬儀業界の思惑――それらが複雑にからみあった結果だといいます。

再び「戦時戒名」が……

神戸市の妙法華院（日蓮宗）の建物は、広島の原爆ドームに似た造りです。新間智照住職は日本宗教者平和協議会代表委員で立正平和の会理事長。寺の檀家信徒総会で「反核平和宣言」を採択し、平和、人権、環境などの課題に取り組んでいます。

新間さんは過去百年間の寺の過去帳を調べました。日清、日露、第一次大戦を通して戦死者は一人だけ。昭和の十五年戦争の初期も戦死者はいませんでした。

それが中国戦線が泥沼化する一九四〇年ころから戦死者は急増します。四〇年から四七年までの過去帳で、戦死者は五十六人。空襲による死者や殉職者も三十人近くになります。

戦死者の急増とともに戒名（法号）にも変化がありました。四二年にルソン島で戦死した男性（二三歳）は「義徳院法勲日忠居士」、四四年にニューギニアで戦死した男性（三二歳）は「勇光院順日政居士」、四五年の沖縄での戦死者（二六歳）は「誠勇院義山日昇居士」。

義・勇・忠・徳・武……そんな文字が並びます。「形は院日居士号という立派なものだが、その引きかえに彼らが味わった地獄を思うと、たまらない」と新間さん。

他宗派も同じです。真宗大谷派名古屋別院の調べでは同じ時期、「殉国院〇〇」「忠誠院〇〇」「玉砕院〇〇」といった〝軍人院号〟が登場します。当時、各宗派が〝見本〟を配ったそうです。

天皇と軍部への忠誠を促し、残された人々にも戦死を鼓舞する〝戦時戒名〟。宗教界が抱える痛恨の教訓です。

自衛隊のイラク派遣、有事法制、そして憲法九条にまで手をつけようとする動き。「戦時戒名の再現を許してはならない」は、新間住職だけの思いではないはずです。

病院と葬儀業界との関係

東京の女性からこんな話を聞きました。四年前、身寄りのない友人の喪主をつとめたときのことです。

看護師の先導で遺体を安置所（霊安室）に運ぶと、黒いスーツの男性が待っていました。病院の職員ではなく、出入りする葬儀社員。遺体搬送業務で病院の指定を受けた業者です。女性は搬送だけでなく、葬儀もこの業者に頼むことにしました。

葬儀の仕事も取れてほっとしたのか、社員は業界の内情を語りました。――指定業者になるため、大金を注ぎ込んでいる。この霊安室の建築費も維持費も当社を含む指定業者が負担している、という内容です。

女性は二十年前にも同じ話を、父親の葬儀をした業者から聞いていました。都内の大病院を名指しした業者は、「三年ごとに三千万円納めている。病院幹部への付け届けも欠かせない。表には出せない金だ」と語りました。

次は、別の女性からのこんな体験談――。

病院から義父死去の知らせをうけ、かねてから相談していた葬儀社に連絡し、病院にかけつけました。霊安室の前で、寝台車を回送してきた葬儀社員と病院の指定業者がはちあわせ。「入れろ」「入れない」の口論になりました。

病院から「早く遺体の搬出を」と催促された付き添いの家族が、事情がわからないまま、病院関係者に紹介された指定業者と打ち合わせを始めていた――そんな事情がありました。

さきの東京の女性が言います。「指定業者になるために積んだ大金は葬儀代に上積みされる。こんなことが今もまかり通っているのか、調べてほしい」

答えは「まかり通っている」です。公正取引委員会も二〇〇五年七月の報告書でこう述べています。

「指定業者の中には、病院に対し年間一千万円超、かつ、一遺体当たり数万円の金銭を提供しているものがあった」

病院指定業者の本来の業務は「遺体の搬送」です。病室から霊安室への搬送と、霊安室から（または病室から直接）自宅などへの搬送があります。

その権利をとるために「保証金」を名目にした大金が乱れ飛ぶ。雑誌『ＳＯＧＩ』の碑文谷創編集長によると、かつては「病院戦争」と呼ばれたそうです。

最近では、公立病院や一部民間病院は抽選や入札方式を導入しています。しかし多くの病院では「総合病院で三年間に二、三千万円。これが常態化している」と、東京の葬儀業者。大阪の業者も「一ベッド十万円が相場」だと言います。東京の大きな救急病院には「三年分で一億円」という例も。

入札や抽選方式の病院にも、業者は群がっています。「抽選の確率を高めるために、子会社や出入り業者まで抽選に参加させる大手もある」と大阪の業者。東京都立病院を所管する都病院経営本部も「ダミー会社、葬儀ブローカーと見られる業者」や「営業実態を確認できない支店や営業所」による重複抽選に注意を促す通達を出しています。

同本部によると、都立病院十二病院のうち指定業者（院内搬送）を導入しているのは九病院。残る三病院は死亡者数が少ない専門病院で、看護師が搬送しています。九病院の指定業者は三十四社。抽選の平均倍率は十倍前後だといいます。

都立病院の院内搬送料は一体八百円から千円。民間病院でも千五百円から二千円余りだといわれます。院外搬送は遺族と業者の直接契約で、二十キロ以内で一万五千円前後です。

いずれにせよこれだけでは、何千万円という「保証金」名目の投資のもとはとれません。にもかかわらず業界は病院指定に群がる。いったいなぜなのか――。

病院指定業者は、院内や近くの事務所で二十四時間待機しています。これを「病院待ち」と呼びます。病院から自宅まで、どの業者に搬送させるかは遺族の自由。そこでものを言うのは、病院側が遺族に「早く搬出を」と促し、「出入り業者を紹介しましょうか」と声をかけてくれること。だから、「病院との日ごろの〝付き合い〟がかかせない」と病院待ち担当者は言います。しかし搬送業務だけでは終われない。最大の目的は搬送中に葬儀本体の仕事を取ることです。それもできるだけ高額で。そうしないと、何千万という投資を回収できないからです。

たしかに、指定業者は他の業者より有利です。二十年前に病院待ちを担当した東京の葬儀社社長によると、当時は病院で死去した人の七割近くの葬儀を指定業者が受注していたそうです。

「最近は総合病院で一～二割、救急病院で三～四割」と同社長。冠婚葬祭互助会の進出や事前に葬儀の準備をする人が増えたからだそうです。

だから、「霊安室と寝台車の中が勝負」と病院待ち担当者。その間に、パニック状況の遺族をどう説得するか。同僚を自宅に先回りさせ、遺体が到着すると同時に〝枕飾り〟などを整える準備をする。そんな方法もとっているといいます。

「（病院指定業者に）『冠婚葬祭互助会に加入している』と断わっても、『当社でも互助会が利用できる』と虚偽の説明で勧誘された事例や、病院から自宅までの搬送を頼んだだけのつもりだったのに、葬儀の準備を勝手に進めてしまうといった事例もあった」――国民生活センターもそう報告しています（二〇〇六年六月）。

公正取引委員会の調査報告書も「当該遺族を霊安室に引き留め、説得するなどして、自己との取引を強制的に促すといった事例がみられた」と指摘。「こうした行為は消費者の自主的なサービス選択の自由を侵害し、不公正な取引方法（抱き合わせ販売）として独占禁止法上問題となるおそれもあるから、事業者はこうした行為を行わないようにすべきである」と警告しています。

「病院利権の一掃なしに業界の正常化はない」。――各地の業者から、そんな声を何回も聞きました。

遺体搬送は業者だけ？

病院もさまざまです。

遺族に、霊安室で悲しみの一夜をすごさせてくれる病院もあります。逆に「早くお引き取りを」と催促する病院も少なくない。いつでも霊安室を使える状態にしておきたいという病院側の事情もあります。そこに「病院指定業者」の出番があります。

しかし、遺体搬送は指定業者に限るという規定はありません。病院側も公式には「ご遺族の判断で」と説明します。とはいえ、事前の準備や心積もりのない遺族は、指定業者に頼らざるをえない。

そもそも、遺体の搬送は専門業者の霊柩車や寝台車しかできないのか——。

貨物自動車運送事業法第三条には、「運送事業を経営しようとする者は、国土交通大臣の許可を受けなければならない」とあります。

国交省担当課によると、同法の対象になる車は荷物や産廃を運ぶ「普通自動車」と死体（遺体）を運ぶ「霊柩自動車」の二種類。死体は「貨物」だけれど一般の荷物とは区別する、というわけです。ちなみに「寝台車」は本来、生きた人間を運ぶ車で、同法の対象ではありません。葬儀業界は、遺体が棺に入っているか否かで霊柩車と寝台車を使い分けていますが、ここでいう寝台車は業界用語なのだそうです。

実は、貨物自動車運送事業法には「死体運送は霊柩車に限る」という条文はどこにもありません。死体運送を業務として営むには許可がいる、という法律です。だから、自家用車で運んでも法律には触れません。ただし、死亡診断書や火葬許可書を必ず携帯すること。そうでないと事件や犯罪に間違われる恐れもあります。

愛知県の葬儀勉強会で、出席の女性が「私は母の遺体を抱いて自家用車で運んだ」と報告しました。病院にそう勧められました。そんな病院もあります。

「葬儀屋」エレジー

「もうけ本位の葬儀業界」「葬儀社が仕掛けた費用の高騰」。そんな業界批判は多い。とはいえ、遺族の悲しみに直接向き合うこの業界なしに、葬儀は成り立ちません。私たちの声も聞いてほしい。以下、そんな「葬儀屋」エレジーを。

Ｏさん（六二歳）は冠婚葬祭互助会大手の営業マン。この道三十年です。ある日の出勤は午前六時半。それでもいつもより一時間遅い。こんな理由がありました。前夜の十時半に会社から連絡が入り、病院へ急行。遺体を移送し、その場で葬儀の段取りを決めて、帰宅したのが深夜の一時。受注書類を作り、会社にファクスして、寝たのは二時だったからです。

出勤後、今夜の通夜の準備をし、車に積み込んであるフトンにくるまって仮眠。その間に、次の仕事が入ることもあります。通夜を終えたあと翌日の打ち合わせ。帰宅後も、遺族から携帯に電話が入ります。焼香の順番や料理の数、そんな相談や連絡です。明日でも間に合う用件でも、肉親の死でパニックになっている遺族のことを思うと、そうは言っていられない。

Ｏさんの会社は、受注から繰り上げ初七日終了までの三日間、同じ人が担当します。顧客とのコミュニケーションを切らないためです。そうしないと「トラブルが頻発する」そうです。

一つの葬儀サイクルが終わると、翌日はまた五時半に出勤して待機。少しでも早く、次の仕事を手に入れるためです。

表向きの勤務時間は午前八時半～午後四時半だけれど、早出の超勤手当はなし。以前は午後十時以降は翌朝まわしだったけれど、業界の過当競争や顧客の意識変化で二十四時間対応に。だから「ゆっくり酒も飲めない」。

年中無休で休みは不定期。世間並みの正月休みや夏休みとは無縁のまま、三十年が過ぎました。数年前、そんなOさんたちの労働条件が激変しました。

Oさんの会社の葬儀担当営業マンは四十人強。その全員が解雇されました。解雇したうえで業務委託の契約社員になりました。勤務実態はそのままで年金や各種保険は自己負担。

不況下で互助会入会者が減ったうえ、業界の過当競争が拍車をかけました。この地方にも全国展開をする互助会大手が進出。セレモニーホール建設で〝便利さ〟を競ってきました。その建設資金は互助会の積み立て金をも圧迫します。そんな状況下での雇用形態の変更でした。Oさんの会社は支社を入れて月の葬儀は六百件。それでも「資金ぐりからいえばつな渡り経営」と言います。

正社員時代、Oさんの基本給は十九万円。歩合がついて月の手取りは四十万円前後でした。契約社員のいまは歩合のみ。百十万円程度の祭壇の葬儀で、Oさんの収入は四万円強。遺族は、飲食接待、寺院への払いもあり、合計百九十万円ほど払います。

収入を増やすには祭壇や棺を〝上等〟にしたり生花を増やすしかありません。家のローンを抱え、子どもの教育費もかさむ世代には「とれるだけとって稼ぐ」人も少なくない。「人の死の痛みも知らぬ連中が……」と思う一方、「無理もない」ともOさんは思います。

遺族とつくる葬儀

Oさんが心掛けてきたことがあります。遺族の「身の丈に合った」葬儀の提供です。世間体を気にして高額祭壇にしようとする遺族に「気持ちが大切なのだから」と語りかけることもあります。

遺族の「ありがとう」が本音とわかるときが一番ほっとする。「次もよろしく」と、一族で三件の指名注文をうけたこともあります。

働き盛りの急死や事故死のときはとくにやるせない。「理不尽な死」への怒りや悲しみのハケロにされることもあります。ヤツ当たりだと思っても、黙って受け止めるしかない。

大手業者間の熾烈《しれつ》な競争のはざまで、個人経営の葬儀社はより厳しい状況に追い込まれています。この地方のある業者は「仕事は月に二、三件。人手の確保もできず、同業者で応援しあってしのいでいる」と語ります。

東京・葛飾区の網代勝行さん（六三歳）も〝街の葬儀屋〟の一人。この道二十五年。会社を独立させて十三年になります。「この仕事に入って十年目ごろから、天職かなと思うようになった」。

近所づきあいをいとう人が増え、町内会が機能を失う。そんな社会の変容を見てきました。「何でもいい。安くあげてくれ」。そう言われるのが一番つらく、「こんな葬儀にしたいけれど予算はこれだけしか……」と言われる方がありがたい。遺族といっしょにどう葬儀をつくりあげるか。そこに生きがいを覚えるからです。

「分割払いにしてくれませんか」という女性に、「それなら、たまってから払ってください」と父親の葬儀をしたことも。一カ月後に費用を振り込んだその女性からはいまも近況報告が届き、結婚式にも招かれました。

心をこめた別れをする遺族を見て、「いい子育てをしましたね」と、遺影に語りかけることもある、と言います。

〝人間の尊厳〟とは……

全国生活と健康を守る会連合会（全生連）機関紙「生活と健康を守る新聞」で、葬儀費用をめぐる紙上討論が一年余りつづきました。

発端は二〇〇一年十一月十一日付の仙台市からの通信記事。「生活保護費で出る約十八万円の葬儀費用が、人間の尊厳を著しく損なうものだった」という記事です。

一カ月後の読者のひろばで、横浜市の女性（七五歳）が「心のこもった葬儀なら尊厳は守れる」と異論を唱え、「一言いうなら（支給される費用は）国民の税金です」と述べました。

これに賛否両論が続出しました。

「私も葬儀費用は最低限を望む」と鹿児島の女性（五三歳）は、「人と人との優しい心が伝わっていれば、人間としての尊厳は保たれる」。東京の女性（六二歳）は机の上の写真と花々だけの「感動的なお別れ会」の体験を語り、「国民の血税ということを考えると……つらくても貧困でも、感謝とプライドを」と述べました。

一方、北海道の女性は、「写真も花もなくローソクと線香だけの祭壇に『生活保護だから』と言ってのけるのは悲しすぎます」。福岡の男性（七五歳）は「故人を偲《しの》び、見送ることは人間として当然の行為」とのべ、「税金は誰のために使うのか」と問いかけました。

当時の生活保護の葬祭扶助額は一、二級地で上限十八万九千円（その後十九万三千円に）。火葬搬送料、文書料、寺への払いなどほどんどすべてを含んだ額です。ちなみに公害健康被害補償制度の葬祭料は現在、六十五万六千円。

「自然発生的に起こった紙上討論だった」と、同紙の前田美津恵編集長は振り返ります。憲法や生活保護法の「健康で文化的な水準」とは何かを、あらためて考えるきっかけにもなったそうです。

注目される「市営葬儀」

全生連機関紙の「紙上討論」を読んで、改めて考えさせられました。「生きること」と死のかかわりです。人の死の瞬間、行政の施策のほとんどすべてが消滅してしまう。それでよいのだろうか。政治や社会はもう少し手をさしのべられないのだろうか――。

東京都立川市。木立の中に火葬場と斎場（葬儀式場）があります。火葬場は近隣自治体と共同運営。斎場は市営です。

自治体が斎場を設けて住民に提供する例は少なくないけれど、同市は斎場だけでなく直営の「市営葬儀」も提供しています（式の執行は市シルバー人材センター）。死亡者が立川市民なら市営葬儀の利用が可能。神道、仏教、キリスト教の祭壇があり、無宗教葬にも対応しています。

一般の葬儀の場合、基本料金（搬送、火葬、祭壇、棺、同付属品、焼骨容器、式運営など）は、市営斎場を利用した場合約六万八千円。自宅など別の式場でおこなうと三万円強。これに生花、料理飲食費、会葬礼状などを加えると、五十人規模の葬儀で四十五万円程度になるといいます（寺院等謝礼は別途）。市斎場で葬儀を終えた遺族は、「白木祭壇だけではさみしいと思い、生花を増やした。簡素という印象はなく、会葬者も納得してくれたと思う」と語りました。

市営葬儀は一九四八年に福祉行政として開始。年々、利用件数が増え、ここ数年は年間二百件前後と、市民の葬儀の二〇パーセント（推定）を占めているそうです。

とりわけ、一九八〇年の市営斎場開設後に利用者が増加。斎場は民間業者の葬儀にも利用でき、開設当時月五件前後だったのが、現在は年間通して九五パーセントの稼働率になっています。

同様に市営葬儀を運営している大阪府茨木市（基本料金七万八千円）も八五年の斎場開設以降、利用者が急増。市内の葬儀件数の七〇パーセントを超した時期もあります。大手葬儀社が近くにホールを開設した現在でも、市民の五〇パーセントが市営葬儀を利用しています。

立川市の葬儀業者は「市営（公営）葬儀が、地域の葬儀料高騰をおさえる〝重し〟になっている。市民の最期をどう見送るか。それも自治体の大事な仕事ではないか」と語ります。

市営葬儀が市民に定着している立川市や茨木市とは逆に、京都市は二〇〇五年、五十五年の歴史を持つ市営葬儀を廃止しました。市地域福祉課によると、利用者の減少や低価格葬儀をする民間業者の出現が廃止の理由。一時期は年間二千五百件あった利用数は、近年、二百件台へと急減していました。

立川市や茨木市では、市営の斎場を開設することで市民の利便拡大をはかりました。京都市は逆。市民の要望はあったけれど、斎場建設に熱意を示さず、民間依存の姿勢をとりつづけました。民営斎場を使うなら葬儀もその会社に、となるのが自然の流れ。業界大手は斎場（セレモニーホール）の建設を競い、市場の獲得競争に拍車をかけてきました。

東京の個人経営の葬儀業者は「住環境の変化で自宅葬が困難なとき、低価格の公的斎場はぜひとも欲しい施設。それは中小業者の仕事確保のためにもなる」と言います。

全京都生活と健康を守る会連合会の高橋瞬作事務局長が独居老人を励ます言葉があります。「必ず葬式を出し、深草の墓苑《ぼえん》に納骨してあげる。私もそのうち行くから。私が行くのはだいぶ先になるけどな」

市営深草墓苑は大きな納骨堂で、市民の場合、永代納骨料は四千四百円。現在、約七千体が納骨されています。老人は「よろしくたのむ」とくり返します。

「老人は懸命に自分の葬式代をため、絶対に手をつけようとしない。安心して死ねるという思いは、生きる勇気につながるからだ」。そういう高橋さんの、こんな言葉が胸に響きました。

「葬式と墓は生存権の一部と考えるべきだ」

ひとくちメモ

告別式・無宗教葬・自由葬

告別式とは「本来は友人・縁故者が故人に別れを告げるための儀式であるが、実際には故人および遺族の関係者が遺族を弔問する儀式としての性格も強くなっている」（吉川弘文館『民俗小事典　死と葬送』）。

告別式はもともと葬儀をしない人のために生まれたものだそうです。

日本で最初の告別式は一九〇一年（明治三十四年）十二月十七日でした。故人は中江兆民（一八四七～一九〇一）。式を企画したのは板垣退助（一八三七～一九一九）ら。ともに高知県出身の、自由民権運動の指導者です。

兆民（本名篤介）はフランス留学後、主権在民の立場で文筆活動。一八九〇年の第一回総選挙で大阪から当選したけれど、議会の腐敗を批判して辞職しました。唯物論者で、無神論者でした。

死を間近にして、「葬式は不要。すぐに火葬場に送り荼毘《だび》にしろ」と遺言。困った遺族が板垣らに相談し、板垣らが宗教にかかわりのない「告別式」を考え、新聞広告にしたのだそうです。だから、告別式の本来は、無宗教葬や「お別れ会」と同じ意味。葬儀自体は無宗教で行うけれど、参列者にはそれぞれの信仰でお別れをしてもらうため、「自由葬」として献花台や焼香台を置くこともあります。

葬儀に代わるものとして始まった告別式。戦後の高度成長下で、葬儀もやり告別式もやるという形になり、しかも大規模化していきました。いま、その見直しが始まっているようです。

葬儀の「やり方」

「密葬や家族葬のやり方を教えて」という質問に答えるのは、実はむずかしい。密葬や家族葬は会葬者の範囲による区別であり、内容（やり方）についての言葉ではないからです。仏教式など宗教をともなう家族葬や密葬もあります。無宗教葬や宗教にとらわれない葬儀、故人や遺族の工夫でおこなうオリジナルな家族葬や密葬も可能です。共通項は〝シンプル＝簡素〟でしょうか。

ただし、密葬や家族葬にもさまざまな準備や配慮が必要ではないでしょうか。まず、事前の家族間の話しあい。故人になる人が「こんな葬儀にしてほしい」と書き残しておけば、遺族は助かります。「世間体」などを持ち出す親類がいるからです。自宅で葬儀ができない場合の式場の選定も大事です。死去と葬儀を誰に知らせるか。事前にリストを作っておくことも大事です。そして、葬儀前には知らせなかった人々に後日、きちんとあいさつすること。無二の親友との最後の別れをしたかったと思うのも、当然の人情だからです。コピーでいいから自前の文章でていねいに書きたいものです。

第三部

「新しい葬儀」への模索

「なごみ葬」のオリジナル祭壇（上）、年金者組合清瀬支部の共同墓（下）

業者への「禁句」

「葬儀を考えるパートII」が、愛知県春日井市で開かれました。主催は全日本年金者組合春日井支部。土曜の午後、二十人余りが出席しました。

第一議題「葬儀費用」の講師は、元生協葬儀相談員の梶浦勝治さん。在任六年間に百五十近くの葬儀にかかわりました。

「霊柩車や火葬料には定価があるけれど、その他の料金はあってないようなもの」と梶浦さん。棺ひとつをとっても「桐《きり》八分」「桐六分」からベニヤに桐皮を張る「準桐棺」などとあるけれど、遺族にはよくわからない。「式の最中に葬儀社員同士が請求書の金額を相談するのを目撃したこともある」といいます。料金に明確な基準がないからです。

遺体を運んだ病院指定業者に葬儀は別に発注すると告げたら、法外な搬送料を請求された。理由は「最高級の棺を使った」だった――そんな話に驚きの声が起こります。あの手この手で料金増をはかる業界。「しかし責任の一端は我々にもある」と、梶浦さんは指摘します。病院や施設での死の増加で、死が家庭から遠ざかったことや地域の共同体の変貌《へんぼう》。そんな事情を背景に、我々は葬儀の主体者でなく「消費者」になってしまってはいないか、と。

梶浦さんは一定規模の葬儀を想定して、この地方の大手十二社から見積もりをとりました。基本料金は三十五万円から百八十万円まで。あるサービスを基本料金に入れるか追加料金に入れるかという違いもあります。

「生前に見積もりをとろう」と提唱する梶浦さん。業者との交渉で絶対に口にしてはならない「禁句」を紹介しました。「初めてなので」「何も分からないから」「おまかせします」の三つです。

ふえた〝妻との対話〟

「葬儀を考えるパートII」の二つ目の議題は「妻の葬儀から一年」。西岡久男支部長が報告しました。妻の昌代さんが八年間の闘病のすえ死去したのは二〇〇四年一月。故人の希望で、無宗教の葬儀をしました。ところが――。

「葬儀は終わりでなく始まりだった」

葬儀後にやらなければならないことが続出しました。まず役所などの諸手続き。死亡届や火葬許可だけでなく、年金や健保、そして各種の保険の処理もありました。書類をつくり押印し届ける。その作業を一つひとつくり返さなければならない。大変でした。

「コンピューター時代。死亡届をすれば一括処理するシステムくらいできないものか」

驚いたのは、香典返しや墓のカタログが殺到したこと。郵送に加え、勧誘員の来訪が絶えませんでした。「いったい、どこから情報が流れるのか」。応対に追われました。妻が加入していた互助会の担当者も、七日目、二十七日目、三十五日目……と花を持ってくる。「親切なことだ」と思っていたけれど、それも香典返しの注文取りだったのかもしれません。

何より困ったのは、夏物・冬物衣類の置き場やゴミの区分など、暮らしの手順が分からないこと。労働組合の活動を理由に、家のことを妻まかせにしてきたツケかもしれません。「娘には、お母さんへの罪滅ぼしだと言われている」そうです。

「こんなとき、昌代ならどうするだろう」。生前よりも妻のことを考え、〝妻との対話〟が増えた一年間でした。

死去の直前、昌代さんは初めて病院で正月を迎えました。闘病日記に、こう書き残しています。

「一番くやしい事は、夫が晴れ着を着たところが、見られないこと。一度でも袖を通してほしい。……それを普段着にして、毎日、日が暮れたら、着物をきて、ゆっくりテレビでも見てくれる日があればよかった」

西岡さんにとって、昌代さんの葬儀後一年間は「創造の連続だった」そうです。

無宗教の葬儀は昌代さんの希望でした。無宗教だから初七日や四十九日は関係ないと思っていたけれど、大違い。「四十九日をどうするの」。親類や知人から問い合わせが相次ぎました。

「お参りに行く」というありがたい気持ちを断ることはできない。それには例えば「四十九日」と、日を決めた方が都合がよい。葬儀後、連絡できなかった人々の弔問が相次ぎ、家をあけることができなかったこともあるからです。

そんな事情が、創造的な四十九日、盆や一周忌につながりました。

まず「仏壇」。布に包まれた骨壺や、ろうそく・線香立ては幅半間足らずの床の間に置き、遺影や花で飾っていました。これを段ボール箱に乗せると高さはちょうどよい。弔電袋の利用も思いつきました。ゴミに出すわけにはいかないと、保存していたものです。これで段ボール箱を飾り、床の間の壁には、思い出の写真や昌代さんが好きだった帽子を飾りました。お盆のときの「提灯《ちょうちん》」の代わりは、沖縄、屋久島、函館など二人の思い出の地の高張提灯で。

一周年を前にして、親類や知人に文章を頼んで冊子『昌代を偲《しの》んで』を制作。昌代さんの闘病日記も載せました。

「四十九日やお盆は故人を思い、心の整理をつける節目だと実感した」といいます。そして、冊子の制作で「自分が気付かなかった昌代をたくさん知った」。

心に残る節目の行事になりました。妻の写真や文章が残っていて良かったとも思いました。そこでもう一つ足りないものに気づきました。「声」です。テープでもDVDでもいい。

「元気なうちに声を残しておこう」。西岡さんは最後にそう報告しました。そして司会者は、こうまとめました――「自分の葬儀は自分で決めよう」「勉強しよう」。

「私の葬儀プラン」

「私の葬儀プラン」という公開講座が神戸市で開かれています。主催は兵庫県高齢者生協の葬祭委員会。生前に自分の葬儀を委託契約する「なごみ葬」を運営しています。

「死も人生の一部です」。講座の案内チラシにそうあります。自分で準備すれば残された人に迷惑がかからず、何より心の平安が得られる。だから、「試しに一度、あなた自身の《有終美プラン》を作ってみませんか」――。

「葬儀社のレールに乗せられるのでなく、その人の生きざまが反映する葬儀を、という問題提起にもしたい」と、葬祭委員会の岩城修吉委員長は「なごみ葬」運営に至る経過を語ります。

須磨区で開いた第九回講座。まず、助言者の小幡勤さんが問題提起をしました。

「一人暮らし110番」にもかかわっている小幡さん。「終末と相続の相談が一番多い」と言います。欠陥だらけとはいえ、生きている間は介護保険などの社会制度があるけれど、死とともにそれらの制度は消滅し、すべてが個人にのしかかる。せめて葬儀費だけはと、冠婚葬祭互助会に入っても、積立金は葬儀社支払い分だけ。お寺や飲食費までは面倒みてくれない――そんな話に、ため息が広がります。

三年前に、大手互助会で夫の葬儀をしたという女性が発言しました。

「葬儀社は次々とプランを持ち出すけれど、こちらはパニック状況で何も考えられない。あっというまに、三百万円の葬儀になった。私の希望が通ったのは、坊さんを呼ばないことと、式のあいだにオカリナの曲を流すことだけだった」

「葬儀は究極の衝動買い」と、助言者の葬儀業、田中誠一郎さん。「洋服ひとつ買うのにもあれこれ考えるのに、自分のエンディングステージではどう金を使うのかわからない。だからこそ事前の勉強が必要なんです」と語ります。そして「葬儀の良しあしは金額ではない。本人や遺族が納得し、満足できるかどうかです」。

さきの女性が話をつづけます。

「わが家の一番大切な人を送るのだから、三百万円でも惜しくはない。でも自分の葬儀では家族にあんな苦労をさせたくない。自分らしいものにしたい」と。

「私の葬儀プラン」講座出席者からは、さまざまな疑問や、「なごみ葬」への質問が出ました。

――タダで葬儀をする方法はないものか。

これに、「でも、死亡診断書や火葬料はどうしてもいるし……」。助言者の葬儀業者、田中誠一郎さんが、こんな体験談を話しました。遺体を献体にした老婦人の例です。

遺族は、葬儀ではなく「お別れ会」を計画したけれど、なかなか事がすすまない。そこで田中さんが、「形式にとらわれず、香典なしで会費制の食事会のつもりで案内してはどうか」と提案しました。

会場は市営住宅の集会所。献体だから棺はありません。普通の祭壇は使わず、故人の人柄がにじむ笑顔の写真を選びました。これを花で飾り、趣味で集めていたフクロウの貯金箱や置き物、人形をそえました。予想をこえて六十人が集まり、一人ひとりが思い出を語りました。最後に、遺影を飾った花を手に散会。「葬儀業者の私にも感動的な集まりになった。大事なのは、故人の人柄をどう表現するのかだと、痛感した」と言います。

——「なごみ葬」で式場はどう確保するのか。この質問に事務局は「葬儀に使用可能な公共施設の調査をしている」。

——自宅葬と密葬の違いは。自分は墓も戒名もいらないけれど、遺骨はどうすればいいだろう。音楽葬も話題に出て、「石原裕次郎が好きだけれど、『俺は待ってるぜ』はまずいかな」。

話題はつきない。なかなか、本題の「自分の葬儀プラン」作りに進みません。

「それでいいですよ」と、事務局の中川太一さんは言います。

「さまざまな疑問や思いを出しあうことを通して、自分ならどうしたいかを考える。自分らしさを再発見することは、葬儀だけでなく、今後の生き方にもかかわってくる。それが大事ではないだろうか」。

家族に残すメモ

「なごみ葬」の勉強会では「家族に残すメモ」をつくります。こんな具合です。

——私に万一のことがあった場合……。

・危篤の際に連絡すべき人はありません。親類や友人も了解しています。

・通夜は不要ですが、あなたたちがしてくれるのなら、それはそれでありがたい。ただし家族だけで行ってください。

〈葬儀の形態・場所などを示したうえで〉親類とごく親しい人に献花をしてほしいと思います。花はバラにしてください。色はこだわりません。あとは飲んで食べてにぎやかにやってください。来てほしい人のリストは別にしてあります。
・費用は、通帳を別にしてあります。保管場所は○○です。
・あなたたちと過ごせて本当に楽しかった。ありがとう。元気に自分の人生を生きてください。
こんなメモ作りが「私の葬儀プラン」の柱になります。専門家の助言も得ながらプランをねり、家族などの同意を得たうえで生協と葬儀委託契約を結びます。

「なごみ葬」の基本セットは三十万円、五十万円、八十万円とフリープラン。病院迎えから祭壇、式の運営、諸手続きなど一式を含みますが、火葬料、料理代、寺への払い、会場費などは別途。式の運営は協力業者（五社）が担当します。

生協葬祭委員長の岩城修吉さんもメモを作り、委託契約をしています。

無宗教の家族葬にすること。会場の希望。費用や火葬後の方法など八項目。式のなかでみんなでロシア民謡を歌ってほしい。献花のときは「G線上のアリア」など三曲のCDを、とも書いています。

プランを作り、委託契約することで「肩の荷がおりた気分になる」と岩城さんは語ります。

誕生日など日を決めて、毎年プランに加筆したり修正する人も少なくないそうです。「肩の荷」をおろすことで、新たな目標や生き方を見いだす。そんな作業の一つなのかもしれません。

「なごみ葬」で行っている「家族へのメモ」に法的拘束力はありません。

法的拘束力のある「遺言」には一定の書式があり、遺言の対象も相続の方法、遺産処分の方法、身分（例えば子どもの認知）などに限られます。死亡届や火葬・埋葬許可を除いて、葬儀自体には法的規制がなく、だから遺言の対象にもなりません。

葬儀を考える市民団体・エンディングセンター代表の井上治代さんは、家族に残すメモを「私的遺言」と位置づけ、この実践を呼びかけています。それは「残される人々、愛する人々への思いやり、そして、自分の命にきちんと向き合ったという証」だから（『ゆいごん練習帳』ポプラ社）。

例えば夫から妻、妻から夫へ――。「あなたとの生活を過ごせて幸せだった。ありがとう」。そんな月並みな言葉でも、残された人が、悲しみを乗りこえて生きていくうえで、大きな支えになるのではないか。「葬式をするかしないか、どんな葬式にするか、すべてまかせます」。そう言われても遺族は逆に困るでしょう。遺族は一人だけではない。それぞれの思いがぶつかりあい、それがしこりになりかねません。

こんな形の葬儀にしてほしい。棺はこの程度でいい……とメモしておけば、葬儀社との交渉もやりやすい。死を知らせてほしい人のリスト、生命保険の内容などもそうです。そんなメモを残してくれた故人に、遺族は「やさしさ」を実感するかもしれません。

井上さんはさらに「私的遺言」は「生きている現在の自分自身のためにある」と説明します。

ちょっと立ちどまって自分を見つめ、家族を思う……。「死を正面からしっかりと見つめることは、裏をかえせば『今を生きる』ことにつながっているのです」と。

故人にふさわしい葬送を

社会進歩の運動につくした人々を、その生涯にふさわしい葬儀で送りたい。そんな願いを込めたとりくみが、大阪で始まっています。

「やすらぎ支援の会」。二〇〇六年八月、正式発足しました。

発起人会代表の浅山富雄さんは、日本共産党木津川南地区委員会の前委員長。発起人（十四人）には元市議、国会議員元秘書や民主商工会元会長、法律事務所元事務局長。それに現職の病院事務長や税理士と、各分野の第一線で活動の経験をもつ人が参加しています。

「例えば、無神論をつらぬいた仲間が読経や戒名つきのパック葬儀で送られる。もっと故人の人柄と業績にふさわしい葬送ができないものか」

発起人の能勢孝夫さん（会社経営）はそんな思いを持ちつづけてきたといいます。

活動家の生涯は家族の献身的な協力にも支えられています。そんな家族が故人を誇りに思える葬儀を提供したい。

「あなたのお父さん（お母さん）は、社会や地域のためにこんな働きをしたんだということを、遺族に伝えてあげたい」

事務局担当の北添眞和さんは、そう語ります。

自分史のしめくくりに

「『自分史』にふさわしい締めくくりを」「形式的でなく、真心こめた安心の費用で」――それが「やすらぎ支援の会」の呼びかけです。

葬儀業者の協力を得ていくつかの基本プランを作成。一般的な葬儀のほか、家族葬や無宗教葬、お別れ会などのプランもあります。希望に応じた「生前契約」とともに、緊急時の対応システムも検討しています。

「草の根で社会のため、仲間のためにつくしてきた人の働きをたたえ、残された者に引きつぐ。そんな葬儀をつくりだしたい」と、発起人の能勢さん。

葬儀の分野だけではありません。くらし、福祉、医療、年金などの高齢者生活相談（無料）のほか、例えば「任意後見契約」による生活支援。判断能力のあるあいだに任意後見契約を結び、将来にそなえる。家庭裁判所の手続きを受けて、契約で定めた行為を、本人に代わっておこなう。――そんなシステム（有料）も視野に入れています。

頼るべき身寄りがない人のための「生涯サポート」も大切な活動と位置づけています。人の死後、しなければならないことが実に多いからです。

死亡届や火葬埋葬許可の手続き。葬儀や納骨。医療保険や公的年金の停止手続き。水光熱費の停止や精算。賃貸住宅の解約。住宅や部屋の片付けと家財の処分。友人、知人への連絡……。こんな手続きに公的なバックアップがほとんどない。そんな現実のもとで、「委任契約」や「公正証書遺言」などにより死後サポートをする仕組みです。

「ゆりかごから墓場まで。生涯を社会発展につくした人々の尊厳を守り、安心して自分史をしめくくれるように」

浅山代表はそう語ります。

業者との「連帯」で

「やすらぎ支援の会」の運動には、もう一つの目標があります。「消費者と葬儀業者が手を結ぶ運動に」です。

発起人の植田文雄さん（前法律事務所事務局長）が語ります。

「高齢者サポートはわれわれだけでできるものではない。専門分野の力を集めて考え、支えあうネットワークが必要。葬儀改革には葬儀業者との共同と連帯を欠かせない」。

形式的でなく、故人の人生にふさわしい真心込めた安心の葬儀を。「支援の会」の呼びかけに、大阪市南部の葬儀社五社が名乗りをあげ、話し合いを重ねてきました。

業者からは、多様な意見が出ました。

「大概の人は、業者が示す基本料金だけで葬儀ができると思い込んでいる。モデル料金以外に必要なものの明示を。例えば、参列者の宿泊場所、貸布団……」

「○○円以内で」という人にどう明細を示し、そこにどう要望を盛り込むか。サービス対象に「社葬」や「団体葬」を入れてはどうか。宗教者との協力は……。

「事務局体制は大丈夫か」という意見も出ました。二十四時間、いつ死亡の連絡が入っても、遺族が安心感を持てる対応ノウハウを。もしその場で混乱すると、病院出入り業者に仕事をとられかねないのが業界の実情だからです。

協力業者は「金額だけでなく、故人の生き様をどう表現するかという問いかけに共鳴した」と言います。吉澤篤則さんもその一人。「ルール無視の激しい競争のもとで、しわよせは消費者にも中小業者にも及んでいる。そんな葬儀を業者とともに改革したいという呼びかけにうたれた」と語ります。

「喪中につき……」

公益社という葬儀社が各地にあります。名前は同じでも、企業間のつながりはないそうです。

帯広公益社（北海道）の羽田野浩利専務に興味深い話を聞きました。人びとの意識の変化や葬儀の「常識と非常識」についてです。

例えば「喪中につき」。喪は遺族が一定期間おこなう儀礼的禁忌。この風習は世界中にあります。日本では厳格な「忌」の期間とやや軽い「喪」の期間とがあり、その期間は死者との血縁の濃さで違うのだそうです。親子は百日、兄弟は四十九日……という具合。だから親の死で「年賀欠礼」はあっても兄弟の死では大概が不必要。「一年にも及ぶ服喪は喪主だけでいい。まして、会社名での『年賀欠礼』など本来ありえない」と言います。

香典に新札は禁物という風習もあります。死を待っていたという印象になるから。その一方で、通夜に喪服を着用するのは、なぜなのか。それこそ死を待ち構えていたことになりかねません。

通夜は本来、葬儀前の近親者による夜伽《よとぎ》。平服でかけつけ、お茶程度の接待というのが普通でした。それが、都市部では通夜が盛大になり料理や酒も出し、逆に葬儀の方が簡素化するという傾向になっています。仕事の都合で昼間の葬儀に参列しにくい人が多いという事情もあるようです。

そういえば会葬者に配る「清め塩」の論争もあります。死を穢《けが》れとする神道ならわかるけれど、そうではない仏教や、まして無宗教葬儀でなぜ「清め塩」なのか。仏教界ではとくに浄土真宗系が「死は穢れではなく、浄土に往生させていただく尊いこと」（本願寺派『真宗の葬儀』）と、清め塩廃止を呼びかけています。

エンディングセンター代表の井上治代さんはこう言います。

「私なら塩は用意しておき、必要な方はお持ち下さいという形にする。気にする人も現実にいるのだから」

「喪中につき」や「清め塩」のほかにも、よく考えれば変だなと思うことは少なくありません。

例えば、弔いの決まり言葉のように使われる「ご冥福をお祈りします」。

冥福とは「死後の幸福」のこと（『広辞苑』）。冥土という死後の世界（あの世）の存在や霊や魂《たましい》の継続性を認める人にとっては、宗教的な葬送儀礼は欠かせません。冥土への長旅の準備も必要です。神道の場合なら、黄泉《よみ》の世界とこの世を行き来する霊を鎮《しず》める手続きが必要。キリスト教や他の宗教にも、それぞれの意味を持った作法があります。

宗教をともなう葬儀はそれでいいけれど、無宗教葬に「ご冥福を……」はどうでしょうか。参列者がそう言うことはあっても、主催者や司会者が「故人の冥福を」とか「霊前に」「故人のみたまを」はやはりなじまないのではないでしょうか。無宗教葬の歴史がまだ浅いからなのかもしれません。

ひと昔前の葬儀には、「家の継承」という機能が強くありました。この家の跡取りは誰かということを地域社会に認知させる役割です。出棺のときに位牌を持つのは故人の妻ではなく、跡取り息子。遺族の席順や焼香の順番もそうでした。

社会の変容とともにそんな仕組みも変化しています。だが変わらないこともある。葬儀社員になって八年という青年はこう語っています。

「葬儀とは、故人に別れを告げるだけでなく、残された者が今後をどう生きるのか、自分自身に問いかける場ではないだろうか」

香典辞退

葬儀の意識の変化の一つに「香典辞退」があります。社葬での辞退は珍しくない。企業の雑収入として課税対象になり、事務も大変だからです。それが個人葬にも及んでいます。関西ではとくにその流れが強い。

「会葬者に負担をかけたくない」という思いや「香典返しの雑事から解放されたい」こと。「香典をあてにせず自力の葬儀を」という一種の矜持《きょうじ》でもあるかもしれません。

これにたいし香典の〝こころ〟を大切にしたいという意見もあります。雑誌『SOGI』の碑文谷創編集長もその一人。

香典（奠《でん》）の奠は供え物のこと。その費用にしてくださいという意味がある。無理して出すことはないけれど、その人なりの金額で哀悼の心を伝え、遺族の役に立ててほしいという気持ちを大事にしたい、と言います。

「香典返しが大変ならありがたくいただいておけばよい」と碑文谷氏。自身、友人の葬儀で遺児の学費などのため、参列者側から「返礼辞退」を申し出たこともあります。

「香典は助けあいの心」というのは帯広公益社の羽田野専務。同氏は葬儀受注のさい「香典の範囲内の費用で」を第一に考えるそうです。そう約束し、実践することで喪家との信頼感も増す。それを体験的に実感しているといいます。北海道では香典の返礼率が低いことや、費用はみんなでまかなうという開拓時代からの伝統も背景にはあるようです。

「葬儀自体が地域の助けあいだった」と羽田野氏。核家族化のなかで近所づきあいをわずらわしく思う風潮を憂えます。「葬儀を通して新しい人の輪ができ、子どもたちはそれを見て、生命の意味を学び社会性を身につけるのではないか」と思うからです。

ところが、昨年受注した葬儀の三割が香典収入を超えていました。「これには驚いた」。葬儀一件当たりの香典額が年々減っているからです。葬儀の家族化、小規模化に加え、「長びく不況が決定的に影響している」と分析しています。

いくら包めば……

香典の表書きをどうするか。市販の不祝儀袋の説明には「御霊前は宗教を問わない」とあります。これに、「仏教は本来、死後の霊の存在を認めてはいない」と異議を唱える仏教宗派もあります。

肉体の死で霊魂は消滅するのか不滅なのか。釈迦の答えは「無記」。答えない、でした。「こうした問題をどんなに追究してみたところで……何ら益するところがない、と釈尊は見ていた」（宮坂宥勝真言宗智山派現管長＝『大法輪』一九八七年七月）そうです。

では「御仏前」は。これも使ってよいとする宗派と四十九日以降だとする宗派とがあります。神道では「御霊前」や「御玉串料《たまぐし》」、キリスト教では「御花料」が普通。だが無宗教葬ではどれもなじまない。「御香典」や「御香料」はどうでしょうか……。

「いくら包むか」。香典を出す側の悩みです。故人との縁の濃さで違い、近隣住民は少額とされています。近隣者は葬儀の労働を提供するという風習の名残です。最近は香典の数も金額も停滞・減少傾向だそうです。業界関係者の調べでは、故人が親の場合は十万円包んだ人が一番多く（回答者の平均は八万七千円）、祖父母の場合は一万円、兄弟姉妹五万円、おじおば三万円、職場関係や友人五千円、

――そんなデータもあります（『大法輪』二〇〇四年一〇月号）。

香典を受ける側にも悩みがあります。返礼（香典返し）です。香典は元来、お返しなしが建前でした。それが会葬者に一律にハンカチなどを渡す会葬御礼や、香典の半額を返す「半返し」や「三分返し」の風潮が主流になりました。背景には、葬儀社や贈答品業者の業界戦略があるとか、一種の見栄《みえ》の反映ともいわれています。

葬儀後殺到する返礼品のカタログや注文取り。遺族は品物選びやあて名の整理に追われます。そんな手間を省くため、四十九日後の返礼でなく「即日返し」を勧められることもありますが、これも葬儀社の〝一括受注〟戦略だとか。

返礼をせず施設などに寄付したり、最初から香典を辞退する人も少なくない。そんななかで、ユニークな香典返しを開発した寺があります。

商品券で「蓮の実返し」

手間をかけずに、心を伝える――そんな発想で、商品券の香典返しを開発し、専門紙誌で話題になっている寺があります。名付けて「蓮の実返し」。蓮が実って返ってくるという意味です。臨済宗妙心寺派永正寺（愛知県江南市）の水谷大定住職。三十年余り葬儀にかかわり、痛感することがありました。

――悲しみにひたるべき遺族が雑事に追われ、不利益も受けている。

雑事の一つが香典返しでした。この地方では四十九日の忌明け法要後に、香典額の半分から三分の一を返すならわしです。

金額に応じた品物選びや、あて先の整理に追われる遺族の姿を見つづけてきました。

「品物の実価格は配送料込みの費用の五〇パーセント以下」と水谷さん。会葬お礼の「新茶」（五百円）を茶業者に見せると「去年の品で二百円」といわれたこともあります。贈答品業者が「大分産どんこ椎茸」と印刷した箱を造っているのを目撃したことも。もしこれに中国産を入れても、送り主の遺族に知るすべはない。

そんなリスクを排して、遺族に悲しみにひたる時間を与える方法はないものか。たどりついたのが商品券による返礼でした。香典三千円には千円、五千円に千五百円、一万円に三千円、二万円に六千円、三万円以上に一万円と、それぞれの商品券を用意。あいさつ状を添えて「蓮の実」封筒に入れ、葬儀当日、会葬者に渡します。これとは別に、通夜と葬儀の会葬者全員にお茶などを渡す「焼香お礼」も五百円券にかえました。

遺族の負担は使った商品券の額と、事務・手数料など八パーセントを上乗せするだけ。

「マージンや包装・配送費ぬきに、遺族の心がそのまま相手に伝わる。物余り時代、相手にとってもムダにならない」と評判になりました。蓮の実返しを提唱してから六年、いまでは永正寺でおこなう葬儀のすべてがこの方式を採用しているそうです。

永正寺が提唱する葬儀改革は、商品券の香典返しだけではありません。葬儀社主導の葬儀を自前の葬儀に。アイデアを駆使してすすめています。

――葬式仏教というけれど、実態は葬儀業界の下請けになってはいないか。しかも、その業界は利益追求にあけくれる弱肉強食の世界。「悪貨が良心的業者を駆逐《くちく》するルールなき資本主義。遺族がその犠牲になっている」と水谷住職。「遺族や会葬者の立場にたつ、新しい葬儀メニューづくり」にとりくみました。

直接のきっかけは、本堂を貸していた葬儀社が近くに斎場を新設したこと。当然、寺の収入に響きます。だから「改革は正当防衛でもあった」。

信徒団体の永正寺護持会と話しあい、ハード面の整備に着手しました。護持会の積立金で約百万円の白木祭壇二基を購入。業者が使えば、装飾やサービス込みで一式百万円にはなる祭壇です。

これを八万円で貸し、設営経費などを差し引いて五万円を護持会の積立にします。祭壇の脇花は親族の供花で転用して、サービス込みで一式五十万円の祭壇にしました（布施を除く）。

遺族が別途負担する果物のカゴ盛りは飾りつけの工夫でカゴ代を浮かせ、三段盛りなど配置の工夫で祭壇に広がりをもたせました。果物の一部を故人が愛飲した缶ビールで代用すると、式のあとの親族に好評。「お供えはあとでもらう人のため」という発想です。

病院迎えや霊柩車、棺、司会進行などのサービス一式（祭壇料に含む）は、地域外の小さな葬儀業者と一回二十五万円で契約しました。

こんな工夫で、業界がおこなう同じ規模の葬儀と比べて約四十万円引き下げることができました。院号希望者を除いて「戒名料」はなし。禅宗特有の、読経のさいのカネや太鼓を一人で操作する工夫もしました。出仕僧の数を減らして布施の軽減をはかるためです。「お寺の葬儀改革」はこうしてスタートしました。

悲しみに寄り添う寺に

「寺が、布施だけでは足りずに葬儀屋まで始めた」

「葬儀屋とタイアップすれば気苦労はないのに」

「業界に歯向かうドンキホーテだ」

永正寺が始めた葬儀改革に、当初はそんな反応もあったそうです。水谷住職はこういいます。

「寺を守ってくれるのは檀《だん》信徒。その利便をはかるのは、経済原則からいっても当然の責務だと考えている」

さまざまな工夫で、費用を軽減しました。式場は寺の本堂で、出棺は樹木がしげる参道、そこに鐘楼の音が響く……と、コンクリートの斎場にはない宗教的荘厳もあります。宣伝にも力を入れました。紆《う》余《よ》曲折を経ながらも、徐々に定着してきたといいます。

二〇〇四年は檀家外の利用も十六件に。その半分が檀家入りしたそうです。祭壇の貸し出し料の積み立てで、永正寺護持会は、新しい祭壇を購入するまでになりました。

水谷住職は、葬儀後の法要のたびに、遺族の表情に注目します。どこまで悲しみから解き放されたか。その度合いを見ながら話題をつくる。そして、話の聞き役になるようつとめている、といいます。「四十九日、百カ日と元気を回復するための手助けをする。それが僧侶のつとめ」と考えるから。

「その実践のためにも葬儀改革が必要だった」といいます。

「寺は宗教法人非課税のメリットを社会に還元すべき。社会性のない寺は今後、存在意義が問われるのではないか」

友引と重なる日曜日に境内を開放し、出店料無料の「日曜友引朝市」も開始。境内の控室に、地元の精神障害者授産所の喫茶コーナーも出店します。

葬儀という大変なときにこそ、悲しみに寄り添い援助できる寺に――「葬儀改革寺院連合」を、と住職の構想はふくらみます。

同じ臨済宗妙心寺派の水田全一さん（兵庫県・龍澤寺住職）は、「葬式の予約」を受けています。施設に入所している高齢の女性とは五年契約。もちろん執行日は「未定」です。ほっとしたのでしょう。女性は安らぎ、水田さんとの間で「もう一回、予約を更新できたらよろしいな」などと話すそうです。

「葬儀や墓の専門家として関心を払い、相談に応じることが私たち宗教者に求められている。相談に応じることで『死とは何か』に向きあい、生死を超える生き方の追求という宗教本来のあり方に迫る機縁とすることもできるのではないか」

水田さんはそう述べています。

「一人で死ねますか」

「私、一人で死ねますか」

例えば一人暮らしの女性が亡くなったとき、誰が遺体を引き取り、亡夫が眠る墓に葬ってくれるのか。そんな不安に対応する「生前契約」システムがあります。さきにふれた兵庫県高齢者生協の「なごみ葬」や大阪の「やすらぎ支援の会」も生前契約の一つです。これをもっと幅広くし、法的拘束力を持たせる仕組み。NPO法人りすシステムが、早くからそんな活動をしています。

自由な意思決定ができるときに将来やってもらう項目を決めて契約し、それを公正証書にする。契約項目の執行費用は、別のNPO法人である日本生前契約等決済機構に預託し、契約通りのことが行われたことを確認して支払ってもらう。同機構は監督法人の監査を受ける――大まかにいえば、そんなシステムです。契約者は預託金のほか、申込金や公正証書作成費などの諸費用を負担します。

同システムが受託する死後契約には「基本型」契約と「自由選択型」契約があります。

「基本型」のメニュー（五十万円）は、死亡診断書に始まり、死亡届、棺の調達、遺体搬送、火葬手続き、遺骨の一時保管や埋葬、遺書の執行・代行、医療保険や年金の手続き……など法律上必要な諸手続きだけ。葬儀一式は含まれていません。友人への連絡を含む葬儀一式や家の片付け、賃貸住宅の返還、ペットの処置、各種カードの解約などは「自由選択」の対象です。

「死後はプライバシーの宝庫」と、りすシステムの松島如戒代表。「不要品の処理や下着・メモ・手紙の処分、パソコンや携帯の個人情報の消去などに、予想以上の労力と神経を使う」といいます。りすシステムの「りす＝Ｌ・ｉ・ＳＳ」は、リビング・サポート・サービスのこと。つまり、死後のサービスだけではありません。

「死後事務」契約とは別に、「生前事務」契約もあります。入院や有料老人ホーム入居のときの保証や身元引き受け、急病時のサポート、財産管理から日常の話し相手や相談まで、さまざまなメニュー、それに、契約後に認知症（痴呆）などで判断能力が低下したときの「後見事務」契約もあります。

いわば「これまで家族が担っていた仕事を引き受け、家族に代わって必要な人材を手配し、サポートする」（松島代表）システム。病院の検査結果説明に同行してほしいとか、老人ホーム入居の面接に同席してもらいたいといった依頼も多いといいます。

改めて同システムの「生前事務」メニュー欄を見ました。外出時の付き添い、墓参や墓掃除の代行、介護認定の立ち会いや介護契約の代理、公的福祉サービスの受給手続きの代理・監視・助言……と多岐にわたります。

もちろん、契約者はその費用を負担しなければならない。具体的な仕事で動いたら一日一万五千円、各種保証などを引き受ける事務費が一件三千円から五千円、交通費の実費も必要……という具合。費用はかなりかかります。

介護保険などの社会保障が充実してさえいれば……、そんな思いにもかられます。

「私の終末要望書」

「妹は四年前、乳ガンで亡くなりました。献体でした……」

さいたま市の大前眞子さん（七四歳）から、そんな手紙をいただきました。

私立医大への献体は故人の希望。遺骨は大学の墓にとも希望していたけれど、自宅近くに葬りたいという遺族の願いで一年後に引きとりました。

葬式はせず、花と線香を供えて、大前さんが作った弁当をみんなで食べました。良いわかれだったという大前さん。「私も妹と同じようにするつもり」と書いています。

献体は医・歯学教育に欠かせない解剖実習に、本人の意思で提供するもの。「正常解剖」と呼び、病院による「病理解剖」や変死体を対象にする「法医解剖」「司法解剖」と区別しています。

献体希望者はそれぞれの大学と話し合い、献体登録をします。財団法人日本篤志献体協会（篤志解剖全国連合会）も窓口の一つ。申し出の人の状況を聞き、大学を紹介するそうです。

登録者が死去すると、遺族等の連絡で大学が遺体を移送します。移送や解剖後の火葬費用は大学の負担です。

大前さんは自分の献体登録はしていません。ただ、こんなカードを身につけています。

「私が重病にかかったり終末に近づいた時、ありのままを知らせて下さい。いたずらに延命処置をしないで下さい。肉体的及び精神的苦痛を取り除くため最大限の処置、麻薬を希望します。私が脳死状態となった時、私の死と認めます。……臓器提供を認めます。私が逢いたいという人だけに逢わせて下さい」

大前さんは「私の終末要望書」というこのカードのコピーを二人の娘に渡し、行きつけの病院にも提出しています。

「日本尊厳死協会」も延命措置などについて同趣旨のとりくみをしています。大前さんは同協会員ではなく、独自の判断でこのカードを作ったそうです。

献体と通夜、告別式

「医学及び歯学の教育のための献体に関する法律」は一九八三年五月にできました。法律の目的は「教育の向上に資する」(第一条)ことにあり、「献体の意思は尊重されなければならない」(第三条)とされています。

日本篤志献体協会によると、献体に欠かせない条件は本人の意思、無報酬、無条件の三つ。つまり献体は「篤志」に支えられた事業です。肉親の同意や遺骨の引き取り人の確定など、周囲の理解も求められます。

同協会は、献体運動には教材確保だけでなく、「倫理教育という点でも大切な意味がある」としています。

解剖実習を終えた福島県立医大生は手記にこう書いています。

「小さな異変や臓器の状態を見ては、あなた（献体者）の生前のご様子までも想像することができました。人体が決して機械ではないこと、一人一人の人生を支えた構造なのだという事実を、暗に教えて下さいました」「あなたは、最高の先生でした」（同協会『解剖学への招待』）

かつては刑死者や行路死者に頼ったそうです。とくに昭和三十～四十年代は遺体不足で医学教育の危機といわれました。

篤志家の運動で、献体の輪は次第に広がりました。二〇〇三年三月現在で篤志団体は全国に五十六、献体登録総数は約十九万四千人（うち献体済み約六万六千人）にまでなりました。

その結果、献体だけで実習ができる大学が増えています。必要数に達したため登録受け付けを一時見合わせる大学が少なくないとも伝えられるようになりました。

しかしそれは、大都市部や一部有名大学に片寄った現象のようです。

「受け付けを中断できるような状況にはない」（弘前大＝青森県）、「常時受け付けないと教育に支障を招く」（自治医大＝栃木県）、「年間必要数確保は困難な状況。県内一円で説明会を開くなど苦労している」（島根大）

教育の現場からは、そんな声を聞きます。

「なごみ葬」を運営する兵庫県高齢者生協の公開講座でも、献体が話題になりました。

「献体した場合、葬式は出せるのか」「遺骨はどうなる。私は返してもらわなくてもいいけれど」「費用は」――。

日本篤志献体協会や各大学担当者に聞いてみました。まず、通夜や告別式はできるのか。「献体するうえで何の支障もない」と同協会。普通に葬儀をすませたあと、棺を火葬場に運ぶか大学に運ぶかの違いだけだそうです。

移送前はなにもせず、遺骨が戻されたあとに葬儀や別れの会をするという例も少なくありません。遺骨が戻るまでの間、遺髪や爪をまつりたい場合は、「あらかじめ各大学と相談を」とのこと。

献体後、火葬された遺骨が戻るまで、かなりの年数がかかります。同協会によると、防腐処理など解剖準備期間が三～六カ月、実際の解剖実習に三～七カ月が必要。遺体が翌年の実習にまわされることもあります。

その遺骨は「引き取り」が原則。登録のさい、引き取り人の確定を条件にする大学が増えているそうです。献体数の増加や、大学の納骨施設が手狭になってきたという事情があるといいます。とはいえ、登録時に引き取り者になっていた人が先に死去することもあります。

「遺骨は引き取っていただくのが条件」（弘前大）、「納骨堂に一時お預りすることはあるが、原則として引き取っていただく」（自治医大）という大学もあれば、「どうしても引き取れない事情がある場合、大学の納骨堂に納めることも可能」（島根大）という大学もあります。

どの大学も定期的に、追悼行事をしています。

葬儀場と街づくり

「はじめに」でも書いたように、葬儀業界はもともと地域密着型でした。街の葬儀屋さんがいて、地域の慣習や喪家の事情も考えてふさわしい葬儀をつくることも可能でした。

そんな状況が一変。業界はいま弱肉強食、ルールなき競争にさらされています。とりわけ互助会大手などが次々と葬儀会館（斎場、ホール）を建て、自前の式場を持てない地元業者を駆逐し、中小互助会を吸収して全国チェーン化してきました。葬儀会館の建設費は当然、葬儀料金にはね返ります。遺族は〝便利さ〟の代償に高い〝パック商品〟を受け入れざるをえない。

それだけではありません。無秩序な葬儀会館建設競争は、地域住民の暮らしや街づくりにも深刻な影響を与えます。

東京都品川区中延。東急中延駅のすぐ隣の葬儀場計画が表面化したのは二〇〇四年十二月。約七百七十三平方メートルに、地下に二つの式場、地上二階に控室や食事室、屋上が駐車場という計画でした。計画者は貸金業などを看板にする大阪市のさくら相互。ところが同月開いた「説明会」では会社概要の説明書すらありませんでした。実は、同社は予定地の千分の一（〇・八平方メートル）しか所有していないことが、住民側の調べでわかりました。残る千分の九九九の所有者は京都市に本社のあるセレマ。同系列のベルコとともに全国展開する冠婚葬祭互助会の大手です。

予定地周辺は住民の暮らしに直結する商店街。道路幅は四～六メートルしかありません。地下鉄とあわせて二つの駅の乗降客は一日四万六千人。しかも予定地は通学路で、周辺には医療施設も多い。住民からは「なぜこんな場所に」と驚きの声が出ました。翌一月、周辺商店会や町会、住民らで「中延の環境を考える会」を結成。まず、交通シミュレーションを試みました。

霊柩車やマイクロバスで模擬葬列。開始早々から渋滞をひきおこしました。カーブでは一回で曲がれないことも。「夕方の買い物時間に通夜の車や弔問客が加われば大変になる。それが住民の共通認識になった」と、考える会事務局担当者は言います。

住民の理解なしでの建築を認めないよう求めた請願署名は、一カ月余で四千百人を突破。区議会は二〇〇五年三月、全会一致で採択しました。

「葬儀場自体を否定するのではない」と、「考える会」の竹林禮介代表。「しかし、地域の街づくり、交通など多方面から立地条件の適否を問うことが、まず必要ではないか」と語ります。

品川区の葬祭場設置に関する環境指導要綱では、業者はまず区長と協定書を交わし、そのうえで建築確認申請をするとされています。ところが業者は、協定締結前に建築確認をとりつけていました。建築確認をしたのはイーホームズ。のちに耐震偽装問題が発覚した民間検査機関です。

住民側は専門家の協力を得て設計図を精査。数カ所の違法を発見し、区の建築審査会に審査を求めました。区も独自の調査で避難路などの不適格箇所を確認。二〇〇五年十月、建築基準法や都条例違反で建築確認を取り消しました。区では初めてのことでした。

セレマとさくら相互は東京杉並区や北区、京都市などでも葬儀場を計画し、住民の猛反対にあっています。

京都の下鴨神社近くに予定した建物の高さは九・九九メートル。当時の市条例では十メートルを超すと住民説明などの手続きが必要でした。この計画でも設計上の違反が判明。市が建築確認を取り消しました。京都市は、十メートル未満でも住民説明を義務づけるよう条例を改正、葬祭場に関する要綱も新たに策定しました。品川区の要綱を一歩進め、「住民等から求めがある場合」には「協定を締結し遵守する」ことを業者に義務づけました。東京・荒川区も同様の要綱をつくりました。

一方の品川区。業者側は前回と同様の態勢で計画再開の動きを見せています。「考える会」の竹林代表は、「特定業者の営利でなく住民の暮らしと安全のため、譲歩や妥協はありえない。違反をくり返す事業者の社会的適格性も問い続けたい」。運動にかかわってきた日本共産党の鈴木ひろ子区議は、「京都や荒川のような要綱の強化、都条例の改善なども大切な課題」と語ります。

公営葬儀場の役割

全葬連調査によると、一九八三年当時は自宅葬が圧倒的に多く、葬儀場での葬儀（斎場葬）は五・二パーセントにすぎませんでした。九二年当時でも過半数が自宅葬でした。それが二〇〇三年には自宅葬は二〇パーセントを割り、逆に葬儀場での斎場葬が一八パーセントから五五パーセントへと急増しました。住宅事情の変化や、自宅葬では準備や片付けという家族の負担が大きいという問題も背景にあります。

一九七〇年代から、火葬場に葬儀式場を併設する例が登場。八〇年代以降は葬儀社による式場建設競争が始まり、地域住民とのトラブルが発生するようにもなりました。

葬儀場は住民にとって必要な施設です。ただしそれは、特定業者が独占したり地域の立地条件を無視した施設でないこと。中小葬儀業者でも個人でも公平に使える低価格の施設であるべきです。公的葬儀場が一定規模で配置されていれば、大手業者による式場建設競争に歯止めをかけ、式場を持てない中小業者も営業しやすくなるはずです。そのことは、先に紹介した立川市や京都市の例でも明らかだ。そう思います。

葬儀は誰のもの?

「長寿社会への提言」という論文を毎年募集している社団法人長寿社会文化協会が、「お葬式」をテーマにした優秀作品集を出版しています。

このときの応募は五百四十七点。「自分らしい」葬儀プランを書いたものが約三割あったそうです。神奈川県の女性（五一歳）は「最後のしめくくりを自分で演出するなんて素晴らしいではありませんか。より良く生きた証《あかし》として『人生最後の幕は自分で下ろす』くらいの気概を」。「実際、父の場合がそうでした」と、生前の父親が望んでいた簡素な手作り葬儀の体験を書いています。

ところが、正反対の意見も少なくない。「遺族孝行の葬儀を」という男性（六七歳）は、「葬儀とは、残された遺族のために行われるものなのです。その意味で、死んでいくものがあれこれを指示するのはおこがましい」「結局、人々のお世話になるのです」と書いています。

「死んだ後まで迷惑をかけたくない。通夜や葬儀も一切やらないと言ったら、周囲から『何と身勝手な。葬儀は死者本人のためではなく残された人たちのもの』と反論された」と女子学生（二〇歳）。

「一番胸が痛むのはやはり、青少年を含めた子どもの葬儀である」

二十八歳の葬儀社員がそう書いています。

「打ち合わせに伺うと、冷たくなった坊やを抱いて子守歌を歌う母親の姿がある」

自分も葬儀社員の立場を忘れ、「ごめんね。ちょっと重たいよ、ちょっと冷たいよ」とつぶやきながら、ドライアイスを棺に入れる……。

さまざまな葬儀を手掛け、多くのことを学ぶといいます。なかでも「死ぬこと」の重さ。「葬儀というものがどれだけ費用がかかり、いろんな人の力を借り、まわりの人々を悲しませるものなのか」

だからこそ、自殺を考える若者たちに言いたい――「死のうとする勇気があるなら、一年でも二年でもいい、葬儀社で働いてみなさい」と。


それぞれが大事な指摘だと思います。葬儀は故人のためであると同時に、ともに生きた家族や故人と交わりのあった人々のためのものでもあるからです。

家族たちがその死を受け入れ、悲しみ、それを乗りこえる。それが葬儀の大切な役割ではないでしょうか。

工夫と創造の葬儀を

死亡届、火・埋葬許可などの法的手続きを除いて、葬儀には〝こうしなければならない〟という決まりは何もありません。あえて言うなら〝まわりに迷惑をかけない方法で〟くらいのものでしょう。

たしかに歴史を経て慣習化したものがあり、業者らによってマニュアル化されたものもあります。それに宗教的意味づけがされているという例も少なくありません。そこには捨てがたい先人の知恵もあります。仏教の初七日、四十九日のような、いやしと区切りの過程もその一つです。読経や祭詞には、意味がわからなくても参列者の意識を高め、集中させる効果があると指摘する人もいます。無宗教葬では、読経の時間帯に故人が好きだった音楽を流すという方法もあります。

香典を助け合いの表現ととる人も、虚礼と考える人もいます。それならいっそ、会費制の葬儀（告別式や、しのぶ会）というやり方もあります。

要は、故人はどうしてほしかったか、家族たちはどう送りたいのか。マニュアルだのみでなく、みんなで考える。工夫と創造の時を迎えているのではないでしょうか。

工夫と創造の時代に入った葬儀――。第三部の最後に三つの実例を紹介します。

※

まず生前契約の「なごみ葬」を運営している兵庫県高齢者生協葬祭委員会の、岩城修吉さんからの手紙に同封されていたオリジナル葬儀のメニューです。

二〇〇五年十一月に九十一歳で死去した女性。神戸市須磨区の団地に住み、俳句が趣味でした。式場は団地の集会所で、「なごみ葬」協力業者が執行しました。

女性の生前の希望をもとに、家族らと話し合って、こんなプログラムをつくりました。

全員が黙とう。喪主のあいさつ。

俳句の朗読（約三百句から最近の、季節感のある五句を選択）。

ベルギー在住の孫がファクスしてきた「おばあちゃんをしのぶ」を、神戸在住の孫が朗読。

「ふるさと」や「赤とんぼ」の合唱。

献花（バックミュージックは「G線上のアリア」など）。

花を棺に入れ、お別れ。

会葬お礼、出棺。

所要時間は約五十分。当初は「身内だけで」と考えていたけれど、近所の人が次々と別れに来てくれ、約五十人の参列になりました。

花で飾った祭壇は三十万円セット。特定の花をそろえるのでなく、多種類の季節の花にすることで費用はおさえられるのだそうです。

団地の集会所だから会場費も安く、火葬料などを含めて約三十三万円でおさまりました。

「費用のことだけでなく、心が伝わる葬儀（お別れ会）になった」と岩城さん。参列者からは「〝お客さん〟ではなく参加したと実感し、本当にお別れをしたという思いになった」「私もこんな葬儀を」

という感想が寄せられたそうです。

※

日本ジャーナリスト会議代表委員の茶本繁正さん。社会が戦争に進もうとするとき、ジャーナリストは異を唱える勇気をと説き、『原理運動の研究』（晩聲社、一九七七年刊）などで統一協会批判の先陣をきったことでも知られています。胃がんのため二〇〇六年三月十日、七十六歳の生涯を閉じました。

五十年住みなれた自宅の六畳の間の葬儀。妻裕子さん、息子たち、甥《おい》と家族、それに両隣の人たちで送りました。「葬儀は君たちがやりやすいように。ただし見送るのは家族と甥たちだけで」と、茶本さんが言い遺《のこ》したからです。

読経や授戒は近くの曹洞宗寺院に頼みました。この寺に、裕子さんの両親や原爆死した弟の墓があり、茶本さんがその継承者だったからです。

葬儀の依頼先は生活協同組合の指定業者。祭壇はことわりました。六畳というスペースの問題もあったからです。台の上に棺を置き、その上に花を乗せる。さらにそのまわりをおくられてきた生花で飾りました。

写真は長男が撮ったキャビネ判。業者は引き伸ばしを提案したけれど、これもことわりました。そんな交渉には、裕子さんと息子たち複数で臨みました。息子たちがどんどん意見を言ってくれるので交渉しやすかったそうです。

祭壇はなく写真はキャビネ。「十年この仕事をしているけれど初めての経験」と業者は驚いたそうです。しかし、棺と写真がちょうど目の高さにあり、写真の大きさも良かったと裕子さんは語ります。参列希望者の意に添えないのは心苦しかったけれど、「読経とお線香の香りに包まれ、花いっぱいで家族に囲まれて、いいお葬式だったと私は思います」。裕子さんの手紙には、そう書かれていました。

※

大阪の中村正男さん。日本共産党豊中地区委員長です。急病死した兄の葬儀を終えて、こんな手記を寄せてくれました。中村さんは、一昨年、父の葬儀を出しています。葬儀社まかせで費用もかさみ、参列者の大半は父とは直接かかわりがない。これでよいのかという思いが残っていたそうです。

簡素でも心こもって

兄の葬儀の段取りを、兄の妻、娘・息子と相談している間、ずっと父の時のことが頭にありました。加えて兄は経営していた店の破産通知を関係者に出したばかり。手元には一銭も残らないもとで、多額の治療費請求もわかっています。地元市議を経由して、便宜をはかってくれる葬儀社を紹介してもらい、思いを存分にぶつけました。「兄は信心はなかった。坊さんはいりません」「もっとも簡素な形で、家族・友人葬としてやります」「会葬のお礼は、こちらで別途つくります」……。

葬儀社のスタッフは、思いのすべてを聞き入れてくれたうえ、「読経の代わりに、みなさんに『一言メッセージ』を書いていただき、司会が読み上げてはどうでしょう」「お兄さんの好きだった音楽も流せますよ」など、遺族の気持ちにかなう提案もしてくれました。

費用は父親の時の六分の一に。簡素ですが、花を飾り、通夜の式場では兄が好きだったやしきたかじんと森山良子のCDが流れました。私が「急性骨髄性白血病」と診断された兄の病状と、「お別れ会」形式にした由来を語りました。

翌朝の葬儀では、司会が兄の略歴を語り、友人三人の弔辞。そのあとの焼香の際、親族と友人に分けて「一言メッセージ」を読み始めます。

「お父さん、享司さん。いっぱい、いっぱいの幸せありがとう。でも、まだ、いっしょにいたかった」

「言葉にならんわ。なんで寝てんの?……。何もしてやれんかったけど、ごめんな。ようがんばったな!! お疲れ!! お父さん、大好きやで」

葬儀のあとの親族を代表してのあいさつは、とても言葉になりませんでした。治癒を信じて家族が骨髄移植に備えた検査の準備を始めた矢先だったこと、兄貴と兄弟げんかしてよく泣かされたこと、その最後にこんなに泣かされていること、葬儀に寄せられた弔辞と「一言メッセージ」に勇気づけられ、兄の分まで生きていく――こんな思いだけは何とか伝えました。

私の一言メッセージは、「おふくろのこと、清美さん（兄の妻）のこと、宏加・敦史（同娘・

息子）のこと、わかってる。ゆっくり休んでくれ」です。

葬儀を終え、三重や石川から集まった親族たちが、口々に「こんな葬式は初めてや」「おれのときも、これでやってほしい」と語りました。

寄せられた多額の香典は、遺族と相談し、その一部を骨髄バンクに寄贈する話を進めています。いわゆる「香典返し」のかわりに、葬儀で紹介した兄の略歴・プロフィルをまとめ、参列いただいたみなさんに送らせていただきました。

ひとくちメモ

人の死と法律

人の死にかかわる法律はたくさんあります。例えば戸籍法第八六条〜九三条（死亡届など）や刑法第一九〇条（死体等損壊・遺棄罪）。年金、医療保険や確定申告に関する法令もあります。

葬送行為に関する法律は「墓地、埋葬等に関する法律」（墓埋法）。埋葬、火葬、墳墓、墓地などの定義づけをし（第二条）、二十四時間以内の埋葬・火葬の禁止（第三条）、墓地外の埋葬、火葬場外の火葬の禁止（第四条）などを定めています。

ところが全二十六条のこの法律のどこにも「葬儀」にかかわる規定はありません。つまり、葬儀は法律上、してもしなくてもよいものです。

ちなみに、この墓埋法は、〝埋葬や火葬をするときはこうしなければならない〟という法律で、〝埋葬や納骨をしなければならない〟という規定はありません。埋葬や納骨も法律上の義務ではなく、げんに遺骨を自宅に保存している人も少なくはありません。

よい業者の選び方

第三部冒頭でも紹介したように、葬儀料金には明確な基準がありません。だから、「単なる見積もりだけでなく、明細をよく確認しておくこと」、そして「口頭ではなく文書で確認すること」――専門家はよく、そんな助言をします。でも、身内が死去してからでは、詳細に調べたり業者を比較する余裕はとてもありません。結局、事前の準備が大切だということになります。では、事前に見積もりや明細を出させるのが可能でしょうか。逆にいえば、事前のそんな相談に応じてくれるのかどうかが、業者を選ぶ第一の分岐点になります。

「業者探しにマニュアルはない。とにかく、近くの業者を訪ねてみること」と、エンディングセンター代表の井上治代さん。訪問の目的を告げ、自分の希望を言ってみる。そんな話をまじめに聞き、真剣に考えてくれるのかどうか。「二軒、三軒と訪ね、その対応ぶりを見ていくとハダで感じるものがある」のだそうです。地域でさまざまな運動にとりくむ人に情報や評判を聞くことから始めるのも、一つの方法かもしれません。

「すぐに住所氏名を聞きたがったり、早く契約してしまおうという姿勢が露骨な業者は要注意」とは、東京・葛飾区で葬儀社を経営する網代勝行さんの助言。「葬儀がさし迫り、早く決めてしまいたいという気持ちはわかるけれど、あせらないで。可能な限り複数の業者に当たること」だと言います。葬儀について自分のポリシーを持ち、それを語る業者かどうかも判断材料だそうです。そのポリシーが利用者の思いに合っているかどうかです。

そんな網代さんから利用者への要望――。

「費用はいくら以内でということだけに気を向けるのでなく、故人（になる人）をどう送りたいのかを話してほしい。そのうえで財政状況を出してもらい、業者と利用者がいっしょに考え、つくり出していく。そのプロセスが一番大事だと思う」

葬儀をする？　しない？

二人の東京の女性からこんな手紙をいただきました。

一人目の女性は――

「私のように葬儀も墓もいらないという考え方はどうなのか。なきがらを始末するのにどれだけの事をしなければならないのかを知りたい。いくらかでもヘソクリが残ったら葬儀や戒名に使うのでなく、平和運動や、いまだにアメリカの枯葉剤に苦しむベトナムの人にカンパしたい」。

もう一人の女性は――

「葬式をしないでという人もいますが、残された友人、知人は『けじめ』がつかない気分になります。故人に関係のあった人たちで見送りたいのです。東京は適当な葬儀会館が少ないし高価なので、庶民的な参列者に迷惑をかけない葬式方法を期待しています」。

葬式をしなくてはならないという決まり（法律）はありません。葬式をしないのもひとつの見識であり、自己決定権として尊重すべきでしょう。ただし、儀礼としての葬式をしなくても、死亡届や火葬など、しなければならないことはたくさんあります。

人間は一人で生きることも死ぬこともできません。そんな「一人」につながるさまざまな人たちにその死を知ってもらい、心に区切りをつけてもらうのも大事なことではないでしょうか。「葬式は不要という人には〝良い葬式〟を経験していない人が多いのではないか」とエンディングセンターの井上さん。「もしそうなら、もう一度考えてほしい。葬式とは、その人の生き方や死の意味を学び、たくさんのことを感じとれる場でもあるのです」

第四部

お墓——刻印された生きたあかし

夏目漱石（上、左）**と永井荷風**（上、右）**の墓**（東京・雑司ヶ谷霊園）、**さまざまな戒名を刻む墓誌**（下）

文豪の「墓無用」論

都立雑司《ぞうし》ヶ谷《がや》霊園（東京都豊島区）。一八七四（明治七）年に開設された公営墓地です。十万平方メートルに約六万七千人が埋葬されています。最近の都心の民営墓地と比べて一区画が広く、ケヤキの古木など緑も多い。

和型の見なれた墓のなかに、洋型で「和」や「無」と刻んだ墓もあります。遺族が、古い墓石を建て直したのでしょう。墓誌に「マリヤ○○」と刻んだキリスト教徒の墓、「奥都城」や「奥城」と刻んだ神道系の墓もあります。どちらも「おくつき」と読みます。

「○○家、△△家之墓」と二つの姓を刻んだ墓も目につきます。両家墓です。長男と長女が結婚し、双方の家の墓を継承する。そんな工夫から増えているそうです。当代の夫婦はそれでいいけれど、子や孫の代にはどうなるだろう。そんな余計な心配までしてしまいます。

いちょう通りと名付けられた通路に、十五代目市村羽左衛門と六代目尾上梅幸の墓所を示す、東京都教育委員会の看板がありました。墓はその奥の木立の中にあります。すぐ近くには島村抱月の墓。タマゴ型の自然石をそのまま使っています。

ところで――。

夏目漱石は『倫敦塔《ロンドンとう》』にこう書いています。

「（余は）死んだ後は墓碑も建て、もらふまい。肉は焼き骨は粉にして西風の強く吹く日大空に向つて撒《ま》き散らしてもらはう……」

永井荷風もこう書いています（『断腸亭日乗』）。

「余死する時葬式無用なり。死体は普通の自動車に載せ直に火葬場に送り骨は拾ふに及ばず。墓石建立また無用なり」

ところが、墓は無用という二人の文豪の墓も、この雑司ヶ谷霊園にあります。荷風は普通の和型墓。漱石はその二倍の墓域に三メートル余の碑が建っています。

「本人は何もできない」。葬儀の大原則です。この大原則、墓にも当てはまるのでしょうか。

蜷川虎三と『凡人の歌』

「わたしが死んだら骨にして／ないしょで鴨川に捨てておくれ／京わらんべの口さがないものどもは／ゴリが白い腹を出して浮かぶだろうというけれど……」（『凡人の歌』）。

作者は蜷川虎三《にながわとらぞう》さん（一八九七～一九八一）。京大教授、初代中小企業庁長官を経て一九五〇年に京都府知事。以後二十八年間、革新民主の府政を育て、地方自治の灯台と評されました。

「憲法を暮らしの中に生かそう」の姿勢を貫き、府議会議場で「反動とはたたかう」と演説し、共産党を「骨まで愛する」と公言してはばからない。質実にして清廉。宴席には出ず知事公舎に住まず、古びた木造二階建ての借家住まいを通しました。

蜷川さんには二人の妻がいました。律子さん（四七年死去）は戦前、女性タクシー運転手として夫の学究生活を支えました。多津さん（七七年死去）は文字通り〝内助〟に徹して知事を支えました。

蜷川さんが例外的に知事公舎を使ったのは、多津さんの告別式。自宅は狭すぎるという事情もあったけれど、「やっぱり『おまえは知事の女房だったのだぞ』と言ってみたくなった」と、後に蜷川さんは語っています。

知事引退後、下鴨の借家を取材で訪ねたときのことです。冒頭に紹介した詩が話題になりました。散骨が社会的に認知される以前のことです。骨を鴨川に流すのは法律違反ではないですかと聞くと、「だから〝ないしょで〟と書いたんだよ」。

とはいえ、蜷川さんは「墓は無用」論ではありませんでした。

真言宗智山派総本山智積院（京都市東山区）の境内墓地の一角。律子さんと多津さんの墓にはさまれて、虎さんの墓は建っています。

多津さんの納骨の日、参列者を前に蜷川さんはこう言ったそうです。

「真ん中は、あたしのに空けておいた。両手に花さ」

墓は誰のために……

東京の女性Yさん（四一歳）はいま、途方にくれています。実家（愛知県）の父の遺骨と墓をめぐってです。

Yさんは、父が闘病中に「エンディング・ノート」と名付けた遺言ノートをつづっていたことは知っていました。

過度の延命措置は不要。遺産は妻に。葬儀は身内で簡素に。墓は市営墓地が売り出されるので、それを買ってほしい……。ＪＡの葬儀担当者の連絡先や、「生命保険の範囲内」と、見積もりまでついていました。行間に、父の思いやりを感じました。二女であるＹさん、その内容に異存はない。

遺言ノートは家庭裁判所で遺言書として検認されました。銀行の事務処理に必要だったからです。検認されても葬儀や墓は法律上の遺言の対象にはならない。それでも父の思いに重みが増したように感じました。

主治医も父の意思を尊重しつつ、可能な限りの努力をしてくれました。近所の親しい人々とのこともあり、「身内だけで」とはならなかったけれど、父の希望に近い葬儀ができました。「釈○○」という法名（戒名）も希望通り。

遺骨の一部は、父の実家がある北海道の先祖の墓に納めました。父の遺言にはなかったけれど、祖母や父の妹たちは喜んでいました。

そこで、残った遺骨が宙に浮きます。母が、市営墓地の購入（永代使用権の入手）を拒んだからです。母は、自分の親や姉妹がいる東京で住むかもしれないと言いだしたのです。

遺骨は母が大切に保管しています。母の妹が購入した東京のキリスト教墓地にも分骨しようか、とも言います。Ｙさんは個々の思惑で分骨することには抵抗感があります。

「愛知では墓を守るのが大変」という母の気持ちもわかります。しかし地域の人々とのかかわりを大事に生きた父の思いに目を閉ざすことはできない……。

「生きるのも大変だけれど、死ぬのも大変なんですね」とYさん。墓って、いったい誰のためのものなんだろう、と考えてしまいます。

もとは土まんじゅう

映画「七人の侍」のラストに墓のシーンが登場します。野武士との戦いで死んだ百姓たちの墓。死体を埋めた場所が盛りあがり、土《ど》まんじゅうになっています。百姓に味方して死んだ四人の侍の土まんじゅうには刀をつきさしている……。

おそらく、当時の庶民の墓はこんなものだったでしょう。第二部でも紹介したように、「葬る」の語源は「放る」。葬の文字は草の間に死体を置くことを意味し、庶民の死体は山や海に返していたそうです。

貴族や豪族などは別です。彼らには、権力や権威、財産といった継承すべきものがありました。庶民が墓らしいものを造ったのは江戸時代ごろだそうです。それも、土まんじゅうのうえに石や木片を置く程度。町民が財力を蓄える江戸中期になって石造りの墓が登場します。

死体を埋める場所（埋め墓）と石塔を建てる場所（詣《まい》り墓）を分ける「両墓制」の風習も各地にありました。

明治の天皇制政府は、墓も国民統合に利用しました。一八九八年施行の民法は「系譜、祭具及ビ墳墓ノ所有権ハ家督相続ノ特権ニ属ス」とし、「家の墓」を国民に強制しました。

戦後、高度成長期の都市集中や地域共同体の崩壊で、人々の墓にたいする意識も急激に変化しました。

石材業界がおこなったアンケート調査で、こんなデータが紹介されています。

▽墓参は年に一～二回41・3％、年に三～五回32・1％、ほとんど行かない16・9％。

▽どの墓に入りたいか（男性の場合）＝実家の墓48・6％、新たに購入35・2％、妻の実家の墓2・8％。

▽同じ質問（女性の場合）＝夫婦で新規購入42・9％、夫の実家の墓22・6％、自分の実家の墓に自分だけ7・4％、自分の実家の墓に夫と6・9％、自分だけの墓5・3％……。

日本人と「骨」

骨をテーマにした連続講座を傍聴しました。「葬送の自由をすすめる会」の主催です。

第一回目の講師は民俗学者の酒井卯作氏で「死者とどうつきあうか」。

四十九日に四十九個の餅《もち》と少し大きめの「ツブリ（頭）の餅」をついて墓に持参し、ツブリの餅を家族で食べあう。

「骨正月」は十二月におこなう。その年に死んだ人のための正月。やはり餅をつき、墓地で墓石をまな板にして切りわけて食べる。

そんな風習が各地にありました。では、餅を食べるのになぜ「骨正月」なのか。実は、実際に骨を噛《か》む風習も少なくはない。火葬後に残った骨を砕いて薬にする例も近年まであったそうです。

これらの風習には「死者を自分の体に同化したいという考えが潜んでいる」と酒井氏。「墓は自分の心の中に建てる」と話しました。

二回目は中村生雄・学習院大学教授の「骨と宗教」。キリスト教と仏教における骨の意味を対比しながら話を進めました。

釈迦の遺骨とされる仏舎利《ぶっしゃり》信仰は、日本では骨を納める五重塔信仰になり、さらに時代とともに変化しました。

「祖先崇拝のなかで墓や遺骨が重要な役割を果してきた」という中村氏。現代社会と骨の考え方の特徴として、二十年前、一九八五年に日航機事故の現場になった御巣鷹山や、沖縄の平和の礎《いしじ》を例にあげました。

従来の家の墓ではなく御巣鷹の山に卒塔婆をたてる遺族には、この場所こそが死者と向きあう本来の墓という思いがあるのではないか。遺骨の納め場所ではない平和の礎も死者供養の場になっている……。

遺骨を墓に入れず、ペンダントなどにして死者を常に身近に思う。そんな例も出始めています。

伝統的な墓や骨の概念のなかに変化が生まれている、と中村氏。現代を「新旧の観念が混在し、墓や骨に対する考え方が揺れ動いている」と特徴づけました。

民営墓地の〝カラクリ〟

ところで、全国にどれだけの墓地があるかご存知でしょうか。

厚生労働省などの資料によると、全国の墓地の数は約九十万カ所。全日本墓園協会の横田睦主任研究員によれば、「実数はその数倍」だそうです。住宅地図や航空写真でひろうと、当該自治体が把握する墓地数の数倍になるからです。

これらの墓地の大部分（推定九八パーセント以上）は小規模の個人墓地。地方でよく見られる、山や畑のすみにつくられた墓地や集落の共同墓地です。その多くは墓地埋葬法制定以前からある墓地。現行法では「（墓地等を）経営しようとする者は、許可を受けなければならない」（第十条）とされ、その経営とは「墓地等を設置し、管理し、運営することであり、そのいずれも法律上の経営に当たる」（厚労省生活衛生課）。だから私有地でも勝手に墓にはできず、罰則の対象にもなります（第二十条）。

これに対して事業型（分譲）墓地は全体の数パーセント。横田氏によれば一ヘクタール以上の墓地は約千五百、三ヘクタール以上は五百カ所にすぎません。それが大都市部に集中しています。

ここで注意しなければならないのは、「分譲」といっても所有権が移動する「売買」ではないことです。墓地の場合、三代、四代と代替わりするに従い、継承者不在になることがあります。無縁墓です。所有権を移動させると、無縁墓地の再利用が困難になり、墓地全体の荒廃にもつながりかねない。だから墓地は売買でなく、「使用権」の譲渡です。

利用者は永代使用料を払って入手し、その後は定まった管理料を払う仕組み。こうした事業型墓地は大別して公営墓地、寺院墓地、民営墓地の三つに分けられます。

ところで、墓地埋葬法の厚生省局長通知「経営・管理の指針」（二〇〇〇年十二月六日）は、「経営主体は市町村等の地方公共団体が原則であり、これによりがたい事情があっても宗教法人又は公益法人等に限られる」とされています。墓地や納骨堂には公共性が求められるからです。

にもかかわらず、なぜ「民営墓地」なのか。実は、民営墓地は実際には石材業者や開発業者が運営しているけれど、形式上の経営者は寺や公益法人になっています。いわゆる名義貸し。大都市部の墓地が抱えるカラクリの一つです。

公営・寺院墓地の特徴は

公営墓地、寺院墓地、民営墓地。それぞれに特徴があり、違いもあります。

公営墓地の一般的なイメージといえば、使用料や管理費が比較的安く、場所も近いこと。区画も民営よりは広く、宗教不問。しかし、地方はともかく、大都市で入手するにはハードルが高い。

東京都営墓地は一八七四（明治七）年開設の青山、雑司ヶ谷、染井、谷中《やなか》の各霊園をはじめ八カ所。総面積四百二十万平方メートルに二十六万七千基、百十四万人近くが埋葬されています。

しかし、新型立体墓地や合葬施設を除き、一般埋蔵墓地（従来型の平面墓地）は新規募集ゼロ。無縁墓地になったものや返還墓地の再募集をしているだけです。

二〇〇四年度の公募は五つの霊園で六百六十三区画。これに八千六百人余りが応募しました。平均倍率十三倍。最低（多磨霊園の三平方メートル区画）でも五・七倍、最高は青山霊園（一・五平方メートル）の三十・四倍でした。

応募条件自体が厳しい。都内在住者（四〜五年）で現在遺骨を持っている人、故人の親族であることなどです。ところが、一度都営墓地を入手すれば、その後他県に転居しても問題にはなりません。墓地の性格上やむをえないという意見の一方、一般財源を投入して維持しているのだから不公平だという声もあります。

寺院墓地には二つの形があります。一つは純粋の檀家用墓地。当然、その寺の檀家になることが入手の条件になります。だから永代使用料でなく「入檀料」や「志納金」で手に入れる場合もあります。寺格や知名度で差が大きく、東京には一区画一千万円超という超有名寺院もあるとか。檀家外にも門戸を開いた寺院墓地もあります。この場合、「宗派不問」のこともあるけれど、他宗教や新興宗教は断ることもあり、「事前によく確かめて」と業界関係者は言います。

名刹《めいさつ》・古刹などステータスがらみの墓を除けば、墓価が最も高いのは東京都心部。一九九一年当時に一平方メートル当たり三十万円だったのが二〇〇三年には二百十八万円というデータもあります。

全日本墓園協会の横田睦主任研究員の調べでは、東京中心部から二十キロ圏内（東京二十三区よりやや広い地域）で一九九三年のピーク時に二百四十二万円、二〇〇四年で百五十九万円。二十〜六十キロ圏内では五十万円～三十万円程度だそうです（月刊『寺門興隆』興山舎、二〇〇四年八月号）。同じエリア内の都営墓地は一平方メートル当たり平均十九万一千円（八柱霊園）から三十五万八千円（小平霊園）と、民営墓地の三分の一以下です。

ところが、〝墓地の値段〟でいえば、公営と民営の差は縮まります。ここには数字のマジックがあります。平方メートル単価と墓地の価格は違うからです。

都立墓地の一区画は通常、三平方メートルから六平方メートル。だから、一区画単価では百数十万円から二百万円強になります（墓石代は別途）。しかも、高倍率の抽選です。

一方、民営墓地は年々、一区画面積が小さくなっています。横田氏の調べでは東京中心部から二十～六十キロ圏内でもこの十年間で「二平方メートル強から一平方メートル強にまで、実に一平方メートルも小さく（狭く）なっている」（同書）。

民営墓地は狭くすることで価格を抑えてきました。その結果、二〇〇四年には都心部で〇・四九平方メートルという墓地まで出現。七十センチ四方の墓地にどんな墓石が建つのだろう。いや、何人分の遺骨を納められるだろう、などと考えてしまいます。

行政と住民の橋渡しを

厳しい大都市の墓地事情。ＮＰＯ法人・墓地霊園情報サービスセンターの梶山正裕代表理事は、「少し視野を広げてみては……」と提言します。

案内されたのは千葉県内房総地区の真言宗寺院。同NPOの活動に賛同する寺の一つです。本堂横の檀家用墓地とは別に、「宗教不問」の分譲用墓地が広がっています。約二千平方メートルに四百区画（一区画は一・五平方メートルから三平方メートルまでの三種類）。ウグイスやキジの鳴き声も聞こえるこの墓地、将来は東京ドームの一・五倍にまで拡張可能だそうです。

見なれた和型の墓石も建ちはじめ、九十区画は東京・大田区の新潟県人会のために確保しています。永代使用料は二平方メートル区画が十五万円で、墓石代を含めても「百二、三十万円で可能」。東京都心部の十分の一以下です。しかも大田区や品川区からなら車で一時間の墓参が可能。ただし、東京湾アクアラインを使えば、ですが。

「墓地の供給は自治体の役割というのが法律の建前だが、首都の自治体は用地の確保もできず、その機能を果たせていない。もっと行政として広域的な視野を持ってはどうか。せめて住民への情報提供機能を持てないものか」と梶山さん。

「行政と住民との橋渡しを」。それが墓のNPO法人設立の動機だそうです。

墓の「形」は……

従来型の和型墓地は、入手したあとなるべく早くしておくことがあります。外柵《がいさく》をつくること。使用権の境界を明示するためです。

墓地分譲は所有権の移転ではないから登記がされていません。とくに民営墓地の場合、何かの事情で所有権者（経営者）が代わる可能性もあります。墓地分譲契約にも外柵や墓の設置期限を定めていることが多い。外柵工事費は永代使用料とは別だからご注意を。

そのうえで「墓」をつくる（民営墓地では石材業者とセットになっていることがあるので、これもご注意を）。その墓の形にはいろいろあります。何も置かなくても、木や石の標《しるべ》だけでも、一向にかまわない。墓標のかわりに木や花を植えるという方法も、最近話題になっています。

圧倒的に多いのはやはり石材の墓。和型、洋型や、その他の形があります。洋型は外柵などの境線の明示がない芝生墓地に多い。石をたてて設置するオルガン型や、平面に置くプレート型があります。墓石には、家や個人名でなく、それぞれの思いを刻んだものが少なくない。鎌倉円覚寺にある日本映画の巨匠・小津安二郎の墓碑には「無」。東京・多摩地区の民間墓地を見学したときのことです。「和」「憩」「ありがとう」「翔」「道」……、さまざまの文字のなかにあったのが「酒」。これには少々驚き、そして親しみも覚えました。

石材でなく、陶器やステンレスの墓もあれば、用地難を反映して、立体駐車場のような造りの中に墓石を置く屋内墓地（納骨堂）などもあります。

さてどんな墓にするか。本人や夫妻好みの独創的なのもよし。だがその墓に、子や孫が親しみを持ってくれるのかどうか。つまり、〝墓は誰のためのものか〟です。

人々はどんな形の墓を望むか――。数年前までの調査では、普通の和型墓希望が七〇パーセント近くありました。しかし首都圏など大都市部では洋型が急増。合葬墓も少しずつ増えているようです。

和型墓の基準になるのは「○○之墓」と刻む棹石《さおいし》。この大きさが墓全体のサイズにかかわってきます。棹石の幅が七寸（約二十一センチ）四方のものが七型、八寸が八型、さらに九型、十型……とあります。日本石材産業協会の中江勁専務理事によると関東の標準は八型で、地方に行くと九型、十型、十一型なども目立つそうです。

普通は、この棹石の下に台石が二段。その下に敷石、墓前に拝石《おがみいし》を置くこともあります。地下部分には遺骨を納めるカロート。そしてまわりには墓誌や塔婆立て、水鉢、香炉、花立て。余裕があれば手水鉢《ちょうず》や物置台、灯籠、名刺受け……。

もちろん、ここまでそろえるべきという基準はない。だいいち、さきに紹介した○・四九平方メートルのような墓地では七型の棹石だけでも納まりません。逆に付属品を増やすほど石代はかさみます。また、塔婆立てなどは無宗教墓にはなじまない。

神道や神道系宗教の場合は少し違ってきます。例えば焼香をしないから香炉はない。棹石にあたる碑はスリムで高い角柱。ただし厳格な決まりはなく、地方によりさまざまな形があるようです。

カトリックでは教会ごとに墓地を持ったり、地下に納骨堂を設置したりしていることが多く、プロテスタントも教団によっては専用墓地を所有したり、教会単位で民営墓地を買い、共同墓にする例もあります。もちろん、神道系も同様です。

広告・チラシが語るもの

東京郊外に住むNさん（六七歳）。死去した妻の四十九日を迎えるころから、墓地案内のダイレクトメールが殺到しました。「いったいどこで妻の死を調べたのか」と思うほど。新聞の折り込みチラシも週に一、二回は入ります。公営墓地の供給停滞のなかで、民営墓地の商戦は激しい。「これで本当に墓地不足かと疑いたくなる」とNさんは言います。

「美しい公園墓地」という埼玉県所沢市の墓園のチラシ。二・五平方メートルの「普通霊域」で永代使用料百九十万円。四・五平方メートルでは二百二十万円。六百六十万円の「特別霊域」もあります。

「ガーデニング墓地」が売りものの東京都東久留米市の墓地は、六種類の区画で六十九万円から百五十万円。ただし、こちらは〇・八〜一・八平方メートルとかなり狭い。

分譲後の管理費にも差があります。いったい、どちらがトクなのか——。

「一生に一度のこと。現地に足を運んでたしかめるべき」と言うのは墓園協会の横田主任研究員。実際、取材のなかでも意外に日当たりが悪かったり、「駅から二十分」のバスが一日に数本だったという例もありました。

横田氏は「墓地の経営主体や墓地経営許可番号も要チェック」とも指摘します。開設時の許可はとっているけれど、拡張部分が無許可だったということもあるそうです。墓地使用規則（契約）も重要。契約者になる条件、宗教について、使用権の継続要件、義務事項……と、チェック項目は多い。石材業者の確認もおろそかにできません。民営墓地の広告には特定業者への発注を条件にしていることがあるからです。前出の二つのチラシも、実は石材業者が配ったもの。墓石とのセット価格が載っています。——永代使用料だけでは、墓は建ちません。

《A石材店》感謝市特別セット七十五万五千円（墓域三・三平方メートル、墓石は黒みかげ二五センチ角、外柵、墓誌等付属品込）

《B店》インド産クンナム石使用百七十八万円（墓域三・三平方メートル、墓石二五センチ角、外柵他付属品込）

《C店》二百十二万円より（墓域二・五平方メートル、墓石、外柵のみ）

——東京・多摩地区で約半月間に入った折り込み広告です。これが高いのか安いのか。

石材産業協会の中江専務理事の答えは、「答えられない」。よくマスコミから相場を聞かれるけれど、「墓石に定価表はつくれない」のだそうです。

石の値段は産地で異なります。光沢、色つや、強度、吸水力などの違いもあります。大きさやデザイン、施工技術やその方法（耐震構造など）でも差が出てくるからです。

墓園協会の横田氏もその著書で、和型八寸角の墓石本体（みかげ石）の値段を六十万円から二百万円と大きな幅をもたせています。外柵とカロート（納骨室）代が三平方メートル墓域で百万～百五十万円見当。カロートの材質がみかげ石か、コンクリートや樹脂かでも値段に差が出ます。墓誌などの付属品は、墓石本体の二〇パーセントを上限にするのが目安なのだそうです。

業界関係者はこんなアドバイスをします。

必ず見積書をとること。それには墓石、付属品、外柵、カロートなどそれぞれの型式、仕様、石種や材質を明示すること。墓が傾いた、変色したなど、施工後のトラブルにどう対応するのか、アフターケアの内容や負担割合を確認すること。そして、間違ってもパンフレットや店頭の見本だけで決めないこと。できれば、その業者が施工した場所に行って実物を見せてもらう……。そんな注文に応じるかどうかが業者の信用度につながるといいます。

「一生に一度の買いものなんだから」と同関係者。たしかに、何回も乗り替える自家用車でも試乗ぐらいはするのだから……。

墓石の八五パーセントは輸入品

墓石に使われるのは花崗岩《かこうがん》（みかげ石）が多い。ひと昔前は、主に関東地方では安山岩が中心だったけれど、切削《せっさく》や研磨の技術が発達し、より硬質の花崗岩が主流になりました。

みかげ石は花崗岩の通称。兵庫県御影地方で多く産出していたからだそうです。同地方の石は「本御影」と呼ばれ、高級品とされますが、産出量は減っているそうです。

白みかげ、黒みかげ、青みかげなど種類は多く、福島、茨城、愛知、香川など各地に産地はありますが、国産品は全体として高級品。世界トップクラスとされる庵治石《あじいし》（香川県）などは厳格な計画生産で、われわれ庶民にはまず手に入らない。

石材産業協会の中江氏によると、年間二十五万～三十万本販売される墓石の八五パーセントは輸入品。インド、南アフリカ産もありますが、輸入品の大半は中国産だそうです。

中江氏が注目しているのは、中国の加工技術の向上です。石を切り出すだけではない。指定通りの形にし、磨き、最近では刻字技術も定着。「○○之墓」と刻んだ完成品の輸入が増えています。

国内の石材業者は約一万二千。それがいま、加工技術を売るのではなく、施工監理や販売活動に仕事の主力が移行しつつあるそうです。

そんななかで同協会は、墓や石材、宗教などの基礎知識とアドバイス力を持つ「お墓ディレクター」（一、二級）制度を創設。「産地証明」を普及し、将来は「品質証明」制度をめざすといった対応をすすめていますが、それはいわば当面の対応策。「石材産業の空洞化をどうするか」と中江氏。墓石の世界にも新たな課題と動きが起こっているようです。

墓の「継承」は……

和型、洋型……というのは、いわば墓の「形」による分類。そうではなく「機能」による違いもあります。現在、一番ポピュラーなのは「○○之墓」という個人墓や「○○家之墓」。用地難という背景もあるのでしょう。

これらの墓には先祖や「家」の継承という機能があります。つまり、後継ぎの存在を前提にした墓です。公営、民営を問わず墓地の供給側も多くが「継承者がいる」ことを分譲の条件にしています。無縁墓になるのを防ぐ意味もあります。

しかし、さまざまな事情から家を継承できない（継承しない）ケースが増えています。核家族化や少子化も大きな要因になっています。離婚の増加、シングル志向や〝産まない〟派の増加、そんな意識の変化もあります。そして何より、リストラ、不安定雇用、社会保障の後退などで〝産めない〟人が増えています。その結果、合計特殊出生率（一人の女性が生涯に産む平均子ども数）は一・三以下。人口を減少させない限度とされる二・〇八を大きく割っています。

これでは家の連続性は維持できず、当然、墓の継承も困難になります。一人っ子で、祖父母、父母、場合によってはおじやおばの墓まで継承するとなると、経済的にも大変です。

「都市部では三代を過ぎると無縁化がはじまる」。墓地業界幹部からそんな話を聞いたことがあります。われわれの子、孫、ひ孫くらいまでは墓参りしてくれるかもしれない。しかしその次の代になると、というわけです。

この墓地の継承（相続）問題。今日の墓地事情では大きなテーマになっています。これを打開するさまざまな試みも始まっています。第五部でくわしく紹介します。その前に、少し別の話題を紹介します。本来「公共性」が問われる墓地や墓にまつわり、「こんなことでいいのか」と考えざるをえない例があまりに多いからです。

お墓と〝たたり〟

木の下の墓は病人が絶えない。墓地に小石を敷き詰めると異性問題が起こる。自然石は血縁が絶える……。「墓相学」によく出てくる話です。「墓相」とはお墓の手相や人相のようなもの。墓相鑑定にかなった良い墓を「吉相墓」と呼びます。逆に鑑定に逆らう墓を建てると「たたり」に見舞われる。

十年余り前、この「墓相」が大流行しました。墓相鑑定で「このままでは災難にあう」と脅され、超高額の墓を買わされた。そんな、霊感商法ばりの事件や裁判が各地で起きました。

その後、下火になったかに見えていたけれど、実はいまも根強い影響力を持っています。現在でも各地の墓地で、ま新しい「吉相墓」を見かけます。占術師の細木数子さんも最近、テレビの墓相発言で物議をかもしています。

『六星占術』『大殺界』や「ずばり言うわよ」と、話題の多い細木数子さん。十六歳でミス渋谷、十代から喫茶店やクラブを経営。一九七五年には、借金地獄で苦しむ有名歌手の後見人として数億円の負債を解決。同歌手の超高級マンション（東京・赤坂）を入手したとして話題になりました。

八三年には四十五歳の細木さんと八十五歳の陽明学者・安岡正篤氏の再婚騒動。安岡氏は昭和天皇がラジオ放送した敗戦詔書の原稿作成にかかわり、吉田茂、岸信介、福田赳夫など歴代首相の陰の指南役としても知られています。安岡氏の死去（同年十二月）直前に、細木さんが「婚姻届」を文京区役所に提出。安岡家側が「婚姻無効」を東京地裁に訴えるという騒ぎになりました。

そんな話題のなか、細木さんは八二年『六星占術による相性運入門』で占い界にデビューし、一躍売れっ子に。その占いの主要舞台が「墓相」の世界でした。

《細木事務所に何回も取材を申し入れましたが、回答がありません》

十万円の個人鑑定料

墓相ブーム当時、細木数子さんの「勉強会」に出たことがあります。各地でおこなう講演会。会費は一万円でした。

入念な化粧。大柄な身を白いドレスでつつみ、大きな指輪。いきなり、こう言いました。

「テープをとるのはやめていただきます。一万円でテープまでなんて、おこがましいよ」

「先生」――細木さんは自分のことをそう呼びました。「先生くらいになると占いなんていらない。(より高い次元の)心照学を極めているから」。それは恩師安岡正篤から学んだ陽明学にも裏付けされている、と説きます。

男女の関係を心得違いしてはいけない。おろかな女が「男女平等」を唱えて失敗する。男が妻側の姓を名乗ると、家系が絶えたり小児マヒやうつ病の子が生まれる。「ショウコン脚下」「ウンゼンの差」など意味不明の言葉も出てくるけれど、とにかく断定的な語り口です。

休憩。後半は墓の話に集中しました。人の死後、骨肉の争いが起きるのは墓が悪いから、墓にカネをかけていないから。旧来の墓では「正しい供養」はできない。

「石原裕次郎の骨を海に撒《ま》いた。骨は土に返さなければならない。だから石原家は絶家する」逸見政孝、松尾和子、勝新太郎……。当時死去した有名人の名を次々と出し、「豪邸を建てる前に、なぜ一千万円、五千万円の墓を建てなかったのか。（この人たちの不幸は）墓が悪いからだ」。分家が墓をまつると本家は絶滅する。二男、三男が相続すると長男は一年以内に死ぬ。長男の長男は行方不明に……。なぜそうなるのかの説明はまったくないけれど、不安が会場に広がります。

そこで救いの手——。

「（後日に）鑑定してあげる。墓の写真を見て、指導してあげる」

勉強会終了後、聴衆は個人鑑定の予約に殺到します。個人鑑定料は十万円。

細木数子勉強会で教えられた望ましい墓とは。

先祖が眠る場所だから三坪（九・九平方メートル）は欲しい。そこに五輪塔を建て、墓石は夫婦単位で。外柵《がいさく》はコンクリートでなく石材。骨は壺から出して布で包み、カロートでなく土に返す。地面は砂利でなく赤土と鳥取砂丘の砂を七対三で混ぜ、三カ月に一回は補給を……。

すべての条件を満たせば相当の費用になります。そんな勉強会を経て個人鑑定を受けた人は、こんな体験をしています。

佐賀県の女性は夫の死や娘の将来で悩んでいました。個人鑑定で言われたことは、「あんたはばかだ。正しい墓を建てないから夫は死んだ。借金してでも五輪塔を」。

次の間に控えていたスタッフから墓の形や費用の説明を受けて契約。墓石代や永代使用料で一千万円を超しました。残ったのはローンの返済苦。

京都市の男性。身内の不幸に気を病んだ妻が個人鑑定を受けました。スタッフと交渉のうえ、約一千万円の墓を契約しました。

個人鑑定のかたわらに控えていたスタッフ。実は京都市に本社がある久保田家石材商店の社員でした。一九六四年、久保田茂太呂社長（当時）が『世にも不思議なお墓の物語』を出版し、「吉相墓」で急成長した会社です。細木さんの説く墓相現象の多くが、この本にも載っています。

細木さんの著書の巻末に、細木事務所本部と全国各地の連絡所一覧が載っていました。本部事務所は東京駅前の久保田家石材関連企業の事務所。他も大半が同社の支店や営業所でした。

その後、両者の関係は絶たれたけれど、久保田家石材幹部はかつて、「細木先生を通じてウチにきはるお客さんで、年間十億」（『週刊文春』一九九〇年八月十六日号）と語っています。細木さんたちだけではありません。「吉相墓」を売り出す石材店はそれぞれ「墓相家」を抱えています。「十人の墓相家に聞けば十通りの墓が必要になる。墓相とはそんなものですよ」——全日本墓園協会幹部はそう語りました。

細木数子さんのテレビ発言も波紋を呼んでいます。

「墓に家紋を入れてはいけない。家運が衰退する」という趣旨の発言をめぐってです。

放送翌日、夫の墓を建てた女性が千葉市の石材店にかけ込みました。「心配になって眠れなかった。墓の家紋を削ってほしい」。

関西の業者は、家紋入り墓石を売った十六軒のうち七軒から苦情や相談が入ったといいます。

これを重視した日本石材産業協会がテレビ局に抗議し訂正放送を求めました。局側は、細木発言は「宗教に類する」ものであり訂正できないと答えたそうです。墓相が「宗教」とは驚きですが。協会側は、細木発言は宗教的信念とは無縁であり、現に視聴者に不安や困惑を与えていると反論しています。

「根拠を示しえない発言で、墓を買う側にも売る側にも不安と混乱を持たせている。無責任すぎる」と同協会の中江専務理事。「公共・公益性が求められる媒体として、テレビ局の責任も大きい」と語ります。

「ずばり言うわよ」の細木数子さん。著書にこう書いています。

「原因のないところに結果はありません。……すべての現象は、原因と結果という強固な糸でつながっています」（『運命を開く先祖のまつり方』）。

墓が悪い（原因）から、不幸になる（結果）。たしかにずばり言っているけれど、大事なことが欠けています。なぜそうなるのかという説明です。

「なぜ」のない教え。それは霊やたたりを売りものにする人々や「宗教」に共通する特徴です。「ずばり」の結論が相手に恐怖を与えるものであり、そこに物品の売買がからめば霊感商法と差はありません。

「うちのは科学でっせ」。吉相墓が主力商品の京都市の会社担当者が力説しました。墓相家が各地の墓を調べた「統計」なのだと。だが、そのデータは一切、示していません。

典型的な例が五輪塔。歴史をさかのぼると、墓地に五輪塔がある家系は社会の指導的立場にあった。だから吉相墓に欠かせないという論法です。

平安朝半ばに登場する五輪塔は台石の上に球形や笠《かさ》状の石を重ねたもの。物質の構成要素である地、水、火、風、空をあらわし、輪はすべての徳を具備する意味があるそうです。

たしかに貴族や上級武士の墓所に五輪塔は多い。だがそれは、権力や財力を持っているから五輪塔を建てたのであり、五輪塔を建てたから力や財を得たのではありません。「なぜ」の省略だけでなく、原因と結果を逆転させています。

目につく限りの辞書や百科事典を見ましたが、墓相や吉相墓の項目自体がありません。わずかに小学館『日本大百科全書』が、八十行余りの「日本の墓」の項でこう言及していました。

「……世間には墓相のよしあしなどをいう者もあるが、これにはなんの根拠もない」

「水子霊」の仕掛け人

細木数子「勉強会」で、細木さんがこんな話をしました。

「腰痛や腰から下の病気になるのは、水子供養をしてないからだ」

「水子霊のたたり」も墓相ブームと前後して大流行しました。今も、水子供養で売る宗教や水子地蔵を販売する石材業者は少なくありません。

霊視商法事件で教祖以下が有罪になり解散した本覚寺（明覚寺に改名）の前身も、水子菩薩を扱う訪問販売会社でした。

水子霊のたたり（霊障）はとにかく怖い。

「戦慄《せんりつ》すべきは『水子の霊障』である」と説いたのは阿含宗《あごんしゅう》の桐山靖雄管長。解脱供養《げだつくよう》をしないと「その怨念《おんねん》はいつまでも消滅しない」「精薄児童、身体障害児を生じたり、あるいは、異常に親に反抗する子をつくる」（『守護霊を持て』）。

本覚寺（明覚寺）はこうでした。「（水子をつくれば）家系の未来を自分自身の手でふさいでしまうのであるから……家族や子孫が幸せになることはとうてい望めない」「いつまでも何らかの不幸をもたらす恐しい霊障であり、父母、兄弟姉妹、孫、ひ孫まで引き継がれていく」（『霊視入門』）。

ここでも「なぜ」がありません。実際、「（因縁は）あるからある、というよりほかない」（桐山氏『人はどんな因縁をもつのか』）とか「体験によってのみ知ることができる」（『本覚寺の真髄』）という程度の説明しかありません。が、救いの道だけはあります。水子地蔵を建てることや良い墓を建てること。「物施《ぶっせ》」と称する金銭供養も欠かせない。しかもそれは、「精一杯」でなければいけない。「生活のゆとりの部分で布施したり、供養したりしても、仏には通じません」（『本覚寺の反撃』）。

オウム真理教や、いまも活動中の統一協会も同様に説いてきました。

ところで、この「水子霊」、いつごろ始まった教えなのか、伝統的な宗教の教えなのでしょうか。

水子地蔵の供養という風習は江戸時代からありました。当時は「すいじ」と呼んだそうです。

堕胎することを「水にする」、流産を「水になる」と呼び、水子《すいじ》は流死産した胎児をさしていました。これに生後まもなく死亡した幼児も含めて、成人とは異なる葬送をし、一般の墓とは区別して埋葬するという民間風習もありました。「（水子は）人間の子と考えず、まだ神の子という考え方」（平凡社『大百科事典』）だったからです。

人の世の汚れにまみれていない水子が、人にたたるわけがありません。当時の水子供養はたたりとは無関係だったと考えられています。

では水子とたたりは、いつ結合したのか。弘文堂『新宗教事典』によると、寺などが水子供養を始めたのは昭和五十年（一九七五年）ごろから。だから、「水子供養への関心の高まりは一九七〇年代に入ってから」と述べています。岩波『仏教辞典』も、「一九七〇年代から」と書いています。

一九七一年、埼玉県秩父山中に「紫雲山地蔵寺」が完成。落慶式には佐藤栄作首相（当時）らも参列しました。建立者は反共右翼・紫雲荘の橋本徹馬山主。若き日の美智子皇后の不眠症治療に協力したとされる人物です。

寺の別名が〝水子地蔵〟。水子の供養を売りものに、またたくまに一万体の水子地蔵を売りつくしました。これが水子ブームのはしり。水子地蔵や観音を売る石材店が、全国に広がりました。週刊誌もこぞって「水子霊」ものを載せました。

一九七五年といえば戦後三十年。敗戦の混乱期、流産や中絶をせざるをえなかった女性は少なくありません。そんな彼女たちの暮らしに一区切りがつき、つらいあのころを思い出すころです。更年期にさしかかり、体調への不安と悲しい思い出を重ねあわせても不思議はありません。従来の素朴な水子供養に「霊とたたり」を持ち込むことで、そんな人々の痛みや不安を増幅させ、法外ともいえる供養金をださせる。こんなことが許されるのでしょうか。

墓は多いほど偉い？

「墓は多いほど偉い」

そう教える宗教指導者がいます。池田大作・創価学会名誉会長です。

「墓は沢山あった方が偉い。一番沢山あるのは明治天皇かな」（『社長会記録』＝創価学会事業部門幹部や外郭団体・企業責任者の集まりでの池田語録）

これは一九七二年二月の指導語録です。

再び同様の指導をしたのは七六年四月。北海道厚田村の「戸田記念墓地公園」（完成時四百八十ヘクタール、四万八千基）が完成間近でした。厚田村は戸田城聖二代目会長の出身地。創価学会巨大墓地の第一号です。

池田氏は札幌市で開いた幹部の集まりで、こう指導しました。墓地販売戦略についてです。

「全職員と幹部が五百人〜千人ぐらい研修をして、一人が何人というふうに担当して啓蒙（販売）していきなさい。牧口（常三郎初代会長）先生、戸田先生そして私の墓も入れてもらう。だから牧口門下生、戸田会のメンバーも入りなさい」。

「お金がない人には月賦にしてあげなさい。……（聖教新聞の）地方版でフォローしていきなさい。その都度、説明書を活用して見学させてあげて勧めていきなさい。……戸田記念墓園は日本の聖地です。墓は多くあった方が偉いのだ」。

池田氏はこのとき、「お金はとる方がいい。とらないと功徳をとめちゃうもの」とも指導しています。ちなみに、墓地の分譲価格は四十五万五千円でした。

「私も買った」というのは創価学会本部の元職員。池田氏の指導を受けて、職員たちもローンを組んだそうです。だが、「骨は入れてないし、一度も行っていない」といいます。

それでも一九七七年十月の完成時には完売。巨大墓地戦略は、こうして始まりました。

「A―1」区の主？

異様な光景です。広い芝生に、まったく同じ型の白い墓石。それが何百、何千基と、整然と並ぶ。ロウソクや線香は禁止で花は持ち帰りだから、石のほかは何もない。無気味ささえ漂います。

百二十ヘクタール余りに五万八千基（区画数は、開設当時より増えているところがあり、ここでは『週刊ダイヤモンド』二〇〇四年八月七日号の数字を使います）。「富士桜自然墓地公園」（静岡県富士宮市）は一九八〇年に完成しました。

やや小ぶりのオルガン型墓石。ザラついた感じの碑面はすべて「妙法　○○家」。側面が建立者名で背面に故人の名前。よく見ると故人名のない墓が意外に多い。墓は買ったけれど、誰も埋葬していないのでしょう。

そんな墓地がAからL区まで。「A―1」区域は富士山に一番近い高台だそうです。他の区域よりは少し狭い。

「A―1」の中央最奥部は低い植え込みで他と区切られ、他より少し大きい墓石が三つ。「妙法」の下に刻まれているのはそれぞれ「牧口家」「戸田家」「池田家」。初代から三代までの「永遠の指導者」（創価学会会則第三条）たちです。三つの墓石の側面（建立者名）は「創価学会」。学会本部の元幹部職員によると、これは学会が費用を出したという意味で、「骨も入っていない」そうです。三家の墓域に向かって右側には、北条（浩四代会長）家、秋谷（栄之助現会長）家、青木（亨現理事長）家……と並び、左側には森田（一哉元理事長）家、和泉（覚元副会長）家、辻（武寿元副会長）家……。

「A―1」の池田家の墓は、各地の学会巨大墓地にあります。墓になっても「永遠の指導者」でありつづける。なぜなら「墓は多いほど偉い」のだから。

そんな巨大墓地が全国十三カ所で、合計四十四万基。他にもまだ、計画中だといわれます。

〝墓石永代使用料〟

「創価学会23億8000万円の所得を修正申告」「東京国税局が6億円を追徴」――一九九一年五月、各紙が一面でこう伝えました。修正額はその後、二十九億五千万円（追徴税額七億九千万円）に増えました。

当時の学会墓地は北海道、静岡、群馬など六カ所二十四万基（群馬の「はるな平和墓苑」は学会直系の財団法人経営）。法人税の対象になる墓石収入を非課税の永代使用料にもぐり込ませて、申告していませんでした。

墓地の分譲は「売買」ではなく「貸し付け」。永代使用料は非課税扱いです。

一方、家名などを刻む墓石は「売買」で、販売収入は課税されます。購入者は墓地経営者からではなく、石材業者から直接購入する。それが通例です。

ところが創価学会は、何万基という墓石を特定業者から一括購入して学会員に分譲。墓石収入や運用益数百億円分を申告しませんでした。

東京国税局は「はるな墓苑」を除く五カ所について、時効にかからない三年分の申告漏れを二十三億八千万円と指摘。学会は修正申告して法人税約六億四千万円を追加納入しました。「はるな墓苑」も関信国税局から五億七千万円の申告漏れを指摘されて法人税一億五千万円を納めました。

しかもこれは直近の三年分だけ。「墓石販売収入の大部分（八十億円以上）はすでに時効が成立していたうえ、学会の巨額の収入の流れはまだ十分にチェックできておらず」（「読売」一九九一年五月八日付）と、全容は闇のなかにおかれました。

その〝教訓〟なのでしょうか。九六年完成の「中国平和記念墓地公園（造成時は中国メモリアルパーク）」の申込要項には「墓石永代使用料13万円」の項目が登場。墓石を売買でなく「リース」にするのは前代未聞と、石材業界でも話題になりました。

豪華施設の使い途

宮城県白石市、蔵王山麓《さんろく》にある東北池田記念墓地公園。そこで奇妙な施設を目撃しました。一九九六年十月のことです。墓地の案内図にも載っていない建物。墓地経営の公益性とは何だろうと考えさせられる施設です。

約四十八ヘクタールに二万五百基。白い墓石の列の東端最深部に幹部用研修棟があります。その裏の鉄柵《てっさく》から、奥の林に入る。しばらく歩くと、ガケを渡った森の中に、ひっそり建っていました。白壁に緑色の屋根。庭はよく手入れされているけれど、日常的に使っている形跡がない。

登記簿などによれば、一九九〇年七月、研修棟の「別棟」名目で建築。登記上は「礼拝所」になっているから、非課税施設です。

詳細な設計・意匠図のコピーを入手しました。鉄筋コンクリート平屋で、床面積八百平方メートルに十二部屋。建築当時に現場に入った設備技術者によると、左半分は普通の床張りで、多人数を収容するためトイレの数も多い。「幹部や警備要員のスペース」だそうです。右半分が超豪華。フェルト八センチ、毛足十センチのじゅうたんなど、調度も高級品。和室を囲む広縁からは庭が見渡せ、蔵王から引いたという温泉風呂は総ひのき造り。こんな豪華施設を、いったい誰が使うのか――。

この設計・意匠図を見た建築会社（東京）の見積り担当者は、「内外装とも高級材料で、庭に面した柱などぜいたくにつきる」と語り、当時の価値で総工費五億円と見積りました。

宗教法人がおこなう事業には、「公益事業」と「その他の事業」があります。その他の事業（駐車場など）の収益には法人事業税がかかるけれど、墓地をふくむ公益事業は非課税。だから、営利や事業の私物化を排し、社会や利用者の利益と公平さが求められます。

設計・意匠図を手にした見積り担当者。「これが墓地の分譲費でまかなわれ、しかも非課税とは」と、うなりました。

「地元活性化」の宣伝で

「年間十万人の墓参で地元は潤い活性化する」

創価学会巨大墓地の予定地で、決まって出てくる宣伝です。だが、その宣伝の真偽を見ぬき、計画を拒否する自治体や住民は少なくありません。

新潟県能生《のう》町（現糸魚川市）の町民もそうでした。同町筒石漁港に迫る山の裏側に六十ヘクタール一万八千基の墓地計画が公表されたのは二〇〇四年九月。計画は水面下ですすみ、公表時には地権者の九割の「同意書」をとりつけ、町当局者や経済界の根回しもすすんでいました。

予定地周辺は地滑り防止地域で、谷水は直接、筒石の海に流れ込む……。漁協や筒石区、町仏教会を中心に「反対する住民の会」が結成され、またたくまに有権者の七割近い署名を集めました。

このとき、反対派切りくずしに持ち出されたのが「地元活性化」。学会代理の大成建設がつくった

「地元貢献案」にも▽売店、食堂の運営を地元委託▽地元産品を売店で販売▽年間十万人の経済波及効果、などがあります。

「住民の会」はその真偽をたしかめる学習講演会を開催。群馬県渋川市の「はるな平和墓苑」（一九八六年開設）で反対運動の事務局長をつとめた小沢秋夫氏らを招きました。

「渋川市でも同様の宣伝だった」と小沢氏。「彼岸などにわずかの墓参者があるだけ。駐車場もせいぜい百台で、年間十万人を想定してはいない」「地元産品が売れるなどは幻想だった。一度墓地にすると、元に戻すことはできない」。

町民はそんな教訓を正面から受けとめました。そして二〇〇五年三月、計画断念へ追い込みました。

創価学会はそれまでに、同県柏崎市や小国町（現長岡市）で墓地計画に失敗。小国町では町議会の同意をとりつけたものの、議会解散請求の住民投票に阻まれています。その後も、松之山町（現十日町市）、中里村（現十日町市）、名立町（現上越市）と計画が浮上しながら住民や自治体の協力を得られませんでした。それでもなお能生町で……。すさまじい執念です。

墓と現世利益

「名誉会長　10年ぶり高尾墓園へ」

一九八六年六月十一日付の聖教新聞一面に載った記事です。池田大作氏が日蓮正宗高尾墓園を十年ぶりに参拝したという記事に、多くの人が驚きました。

理由はこうです。十年前とは池田氏の母親が死去した年。この高尾墓園に分骨埋葬されました。十年ぶりの墓参ということは、池田氏は母親の一周忌にも三回忌や七回忌にも参拝しなかったことになるからです。

徹底した現世利益（功徳《くどく》）主義の創価学会。信仰活動の主な対象は生者であり、死者への関心はもともと薄い。そう解説する宗教関係者もいます。

池田氏自身、六三年三月の同墓園開設のあいさつで、こう述べています。

「（人が死ぬのは）それはしようがありません。私が悪いのではありません。みんな死んでいくのです。だが、それよりも現実、今世が大事です。どれほどこの世の中を遊楽しきっていったか、楽しみきっていったか、福運を積みきっていったかというところが大事なのです」（『会長講演集』第九巻）

高尾墓園は、創価学会が造り、宗門（日蓮正宗）に寄贈したものです。それにはこんな事情がありました。

池田氏を含めて、当時の学会員の多くは他宗派からの改宗。だから家の墓は、学会が「邪宗教」と攻撃する他宗派寺院にありました。寺院側にも、学会員の納骨を拒否する動きがありました。

そんななかで「歴代の会長はじめ広宣流布のために尊い生涯を終えた妙法の友の墓所」（前出聖教新聞）としてこの墓を造り、宗門に寄贈しました。

ただし――。池田氏はさきのあいさつを、こう続けています。

「日蓮正宗はご存知のとおり貧乏です」。だから墓地を御供養（寄贈）したけれど、「創価学会としては、そういう墓地の問題になどは絶対に手をつけません」。

巨大墓地に熱心な現在とは大きな落差です。

宗教法人は公益的法人とみなされ、宗教上の収入は非課税。事業収入の税率も軽減されています。だから多くの教団は、保育所、学校、図書館、病院などさまざまな公益事業をしています。ところが、宗教法人創価学会規則第四章（公益事業）は「墓苑の経営」だけ。学会はなぜ巨大墓地へと転進したのか。学会元幹部らによると二つの事情が浮きあがってきます。

一つは、墓の「機能」にかかわる事情です。一九六三年当時、宗門（日蓮正宗）と創価学会は表面的には良好な関係でした。

その後、学会は、学会を宗門に優先させる「創価万代路線」に転じます。「（昭和）五二年路線」ともいわれます。宗門との対立が表面化し、学会活動家による僧侶つるしあげ事件もこのころです。

実は、これと並行して巨大墓地路線が始まっています（北海道厚田村〈現石狩市〉＝七七年完成、静岡県富士宮市＝七八年着工）。

富士宮市の墓地（富士桜墓園）の用地はもともと、学会が宗門に寄贈したものでした。聖教新聞も「約二〇万坪を……総本山に御供養した」（一九七一年十月四日付）と書いています。それを買い戻して自前の墓地にしました。その結果、宗門は長期的な安定収入源を失いました。

その後、曲折をたどりながら対立は激化。宗門は一九九一年、学会を破門します。この前後から、宗門寺院にある学会員の墓や遺骨の帰属をめぐり、紛争が各地で続発。学会活動家が、遺骨の返還などを求める訴訟を相次いで起こしました。

一連の事態で浮きぼりになるのは、人々の宗教的感情と墓の「機能」です。宗門に破門され、功徳と罰という現世利益の部分では身を学会側に置いても、寺に墓がある限り思いを断ち切ることはできない。学会員の多くは、そんな素朴な信仰者です。

寺という宗教的基盤を失った組織として、自前の墓による信者離反防止。その機能を求めるのは、自然のなりゆきかもしれません。墓への帰属意識はやはり重いとみるべきでしょう。

「営利」と「公益」

創価学会巨大墓地が持つ、もう一つの特徴は墓地経営の位置づけです。

学会墓地には、一般の分譲墓地にはない特徴があります。

第一に、必ず売れること。一般墓地ではチラシをつくり、宣伝費をかけるという販売努力が必要です。墓の購入と功徳を一体化させ、「完成即完売」が可能な学会墓地との条件の差は大きい。

墓地は不動産取得税も非課税。その分を上乗せした用地費で、買収も有利になります。

学会墓地の場合、墓石はまず学会が特定石材業者から買い、墓地購入者に販売するしくみ。しかも「材質は高級でなく、完全規格品だから安あがり」と、事情に詳しい石材業界幹部はいいます。「一度に数万基の発注だから、相当な値引きも可能」だといいます。

ジャーナリストの野田峯雄氏が入手した関西池田記念墓地公園（兵庫県、七万基）の資金計画書ではこうなります。

用地・造成費や墓石代など投入資金は約二百五十億円。分譲価格（永代使用料や墓石代）は一区画七十三万円で、総収入は五百十一億円。単純計算では二百六十億円と、五〇パーセントを超す粗利益率です。そんな墓地が全国十三カ所に約四十四万基。三千億円を超す売り上げという計算になります。

学会の宗教法人規則は、墓園事業は一般会計と区別するとしています。どちらにしろ、学会員が出した金で墓を造り、それを学会員が買うという図式に変わりはありません。

もう一度、墓地埋葬法の精神を見ておきます。同法の運用に関する厚生省局長通知では「経営主体は市町村等の地方公共団体が原則であり、これによりがたい事情があっても宗教法人又は公益法人等に限る」とされています。

つまり「営利」の排除。だから非課税でもあります。――その精神との乖離《かいり》は、あまりに大きい。

ひとくちメモ　**埋葬・埋蔵・収蔵**

墓地、埋葬等に関する法律（墓埋法、一九四八年施行）によると、死体（妊娠四カ月以上の死体含む）や焼骨を埋める施設が「墳墓」で、墳墓を設ける区域が「墓地」。埋めるのでなく焼骨を納める施設が「納骨堂」。土葬を「埋葬」、焼骨を埋めるのを「埋蔵」、納骨を「収蔵」と呼び分けています。

墓地や納骨堂を設置するには知事等の許可が必要。その墓地に埋葬したり納骨堂に納めるのにも市区町村長の許可がいります。医師の死亡診断書をもらい、役所に死亡届を出して火葬・埋葬許可書をもらうという手順です。

この墓埋法、埋葬や納骨をするときはこうしなさいという定めであり、埋葬や納骨を「しなければならない」という規定ではありません。だから無許可で自宅の庭や畑に埋葬するのは違法だけれど、愛する人の遺骨を自宅に保管するのは可能です。

分骨・改葬

墓埋法では埋葬許可書は一遺体に一通。分骨するには、同法施行規則第五条に定めた手続きが必要になります。

すでに埋蔵している遺骨の場合は、現在遺骨のある墓地や納骨堂の管理者から「埋蔵又は収蔵の事実を証する書類」（分骨証明）をもらいます。そのうえで遺骨の一部を収骨し、分骨先の管理者に書類を提出して骨を納めます。

最初から分骨を希望するときはこの規定を「火葬場の管理者について準用する」。つまり火葬場管理者作成の書類が分骨証明になります。

分骨でなく墓自体を移転するのが「改葬」。これも「市町村長の許可を受けなければならない」とされています。

許可申請には二つの書類が必要です。遺骨が現に埋蔵・収蔵されているという証明書と、移転先墓地の受入証明書です。前者の埋蔵証明書は、現在の墓や納骨堂の管理者（寺の住職や民営墓地経営者）に書いてもらいます。もし、先祖代々の所有地に建つ個人墓地だったり、部落共同墓地などで管理者が不明の場合は、市町村が個別に相談に応じる（厚労省省令）とされています。

そのうえで墓地管理者に通知し、収骨し、墓石などを撤去し、さら地にして墓地管理者に返します。作業は自分でやってもよいし、石材店に頼むこともできます。その費用は墓地の場所や形状でかなり違ってきます。

「田舎の墓は放置されたままで遺体も遺骨も残っていない」ような場合は、法律上は「改葬」に当たらず、手続きは不要。さら地に戻して墓地管理者に返します。それだけでは気が済まないときは、墓地の土を採取して移すという方法もあります。

改葬で宗教儀礼をしたい人もいます。仏教でいえば「魂抜き」や「閉眼供養」（移転先では「魂入れ」や「開眼供養」）。しかしこれは「法律上はまったくの自由」（横田睦全日本墓園協会主任研究員）。「寺との関係という事情は考えてよいが、改葬手続きとは切り離して考えればよい」そうです。

第五部

さまざまな墓にみる「人生のしめくくり」

祥雲寺の樹木葬墓地（岩手県一関市、上）、**桜葬墓地で開かれた第１回メモリアル**（東京・町田市、下）

複雑な「墓地継承」

東京・町田市に住むＴさん（六六歳）。せっかく入手した墓地を手離すかどうか思案中です。市内にある曹洞宗寺院の分譲墓地を入手したのは一九九一年五月。折り込み広告で知り、夫妻で現地を見て決めました。寺の名義を借りて業者が経営する民営墓地ではなく、寺が実質的経営者の寺院墓地。業界大手のＳ石材店など四社に募集業務を委託する方式でした。

寺は、この地方で名の知れた古刹《こさつ》。静かな山中の、西向きのなだらかな場所で日当たりも悪くない。それに、Ｔさんの日ごろの散策コースにも近い。すっかり気に入りました。

分譲の条件は、寺に入檀する（檀家になる）ことと、石材施工はＳ社と契約すること。Ｔさんの実家の墓は真言宗寺院にあるけれど、そこはすでに弟が引き継いでいます。だから新たな入檀にもこだわりはない。「いずれは自分たちの墓を」と考えていたＴ夫妻、現地を見たその日に契約しました。

三平方メートルの墓域で永代使用料は百三十万円。この地域の寺院墓地としては〝相場〟です。墓石の設置は将来のこととして、とりあえず必要なのが外柵《がいさく》とカロート（納骨室）工事。外柵は少し奮発して稲田石の小柱高級型で本研磨仕上げ。カロートはコンクリートで前半分底抜き。塔婆《とうば》立てと化粧砂利を入れて二百十八万円と、やや高い費用になりました。管理料（墓地の共用部分の清掃や事務費）は年額一万二千円。これを二、三年分ずつ振り込んでいます。

そんなＴ夫妻に、とんだ思惑違いが発生しました。将来、墓を受け継ぐとばかり思っていた一人息子が、維持・管理の自信がないと言いだしたからです。たしかに親の勝手で押しつけるべきことではない。かといって自分たちの骨を納めた場所が荒れはてるのもしのびない。

「墓の継承まで考えなかった」とTさん。さてどうするか——。

Tさんは墓地を手放そうかとも考えました。「譲ってほしい」という知人もいたけれど、それは不可能でした。墓地は使用権の売買であり、所有権は寺にあるから。分譲マンションは売ったり貸したりできるけれど、賃貸マンションの居住者にはそれができないのと同じ理屈です。

改めて「使用規則」を読むと、すべて明記されていました。使用者は入檀者に限る。使用名義人(Tさん)が死亡すると「管理者(寺)の承諾を得て相続人または親族の一人」が継承する。死去後二年間継承者不在のときは永代使用権を取り消す。使用者は自己負担で墓地を原状に戻して返す。納めた永代使用料は返還しない……。

「この場合、Tさんは寺の檀徒でもあるから、単に墓だけのことにはならない」というのは全日本墓園協会の横田睦主任研究員。息子に継承の意思があっても、彼が別の宗教信者なら資格を失います。その前提で「この規則に特段の問題はない」と横田氏はいいます。

墓地の継承は意外にやっかいです(**ひとくちメモ**参照)。

たとえば墓地を買ったあとに離婚すれば、妻はその墓に入れるのか。離婚した夫が死去すれば、継承は後妻か前妻か、その連れ子か……。こんなトラブルも現実にあるそうです。

Tさんは、入檀し継承してくれる人を親類から探し出すか、それとも墓地を返すのか。もう一つ、「永代供養料」を新たに納めて、たとえば夫妻の死去後三十年間は寺に年忌法要や管理をしてもらうという方法もあります。ただしこの方法は、寺が了承すればの話です。

ひとくちメモ

墓の相続（継承）

墓の継承（法律用語は承継）に対応する法律は、民法八九七条（祭具等の承継）です。「系譜、祭具及び墳墓の所有権は……慣習に従って祖先の祭祀を主宰すべき者がこれを承継する。但《ただ》し、被相続人の指定に従って祖先の祭祀を主宰すべき者があるときは、その者が、これを承継する」。承継者が特定されないときは「家庭裁判所がこれを定める」とされています。

家制度にしばられていた旧民法では「（祭具等の）所有権ハ家督相続ノ特権ニ属ス」と、家長の権限が最優先されていました。それが、現所有者（被相続人）の指名が最優先で、次いで慣習つまり親族の話し合い、それでも決まらなかったり親族から異論が出れば家庭裁判所と、三段構えになりました。

祭祀財産とは墓（土地も含む）や仏壇、系図など。その継承は「ワンセットにして一人が引き継ぐのが原則」です。分割継承を認める判例もあるけれど、きわめて例外的。一般財産の相続には、妻が二分の一、残りを子どもで分ける、というような分割相続や、不動産などの夫婦共有という例もあります。そこが祭祀財産の相続との違いです。

「跡継ぎ不要」の墓も

跡継ぎがいない。子や孫に負担をかけたくない。そんな人々に応え、「継承者不要」の機能をもつ墓がさまざまな形で誕生しています。「永代供養墓」です。

永代使用料とは別に永代供養料を納め、将来にわたって法要や墓の管理をゆだねるというシステム。一九八五年に開設された比叡山延暦寺の「久遠墓」が先駆けになりました。

久遠墓は個人墓ですが、これにもう一つの機能を加えたのが「合葬墓」。東京の「もやいの碑」は八九年に開設。九〇年には京都・常寂光寺に単身女性と子どものいない夫婦のみを対象とする「志縁廟《びょう》」という納骨堂が開設されました。このようなシステムの墓や納骨堂はいま、全国に二百近くあるといいます（募集終了のものを含む）。

合葬墓は従来の「家」の概念を超えたシステムといえそうです。同時に墓地の省スペース化にもつながります。公営墓地にもこのシステムが増えつつあります。

都立小平霊園の合葬墓地は、一体十三万二千円、夫婦二十六万四千円で管理料は不要。二十年間は骨壺に入れた状態で、その後は骨壺から出して埋蔵。年一回、献花行事があります。これなら跡継ぎのない人も使用可能です。

都市部のビルには、ロッカー式や収蔵部が墓の形をした納骨堂、礼拝室でカードを挿入すると立体駐車場のように、その家の仏壇が出てくる納骨堂も出現しています。

千葉県浦安市民を対象にする市営墓地は、将来の継承者難を考慮した期限つき墓地。使用開始から三十年後に継承者が更新を希望すればそのまま使用し、継承者不在なら改葬して集合廟に合葬するという方法です。

社会や人間関係の変化は、墓の世界にも強く反映しているようです。

「共同墓」の仲間たち

埼玉県所沢市、武蔵野丘陵にある分譲墓地。貸し切りバスで六十人近くが着きました。隣接する東京都清瀬市の、全日本年金者組合清瀬支部が春秋二回おこなう合同納骨・追悼式です。

共同墓「清瀬年金者の礎」。二〇〇二年三月に開設しました。

六区画分の十八平方メートル。外柵は乳白色のみかげ石。黒みかげの墓は直径一メートルほどの球型。下の台石に「礎」と刻まれています。両側に大きめの花立て。その下がカロート（納骨室）で、七年間は骨壺のまま、その後は壺から出して合葬します。

墓石を囲む墓誌には現在、百人余の名前が刻まれています。共同墓の入会者です。死亡すると、名前のあとに死亡年月日を書き入れます。

共同墓を利用できるのは組合員と家族。単身者二十万円、夫妻三十万円、家族二十万円。自分の墓はあるけれど墓誌に刻名したい人は十万円。管理料は、生存中の会員が年額千円を納めます。合同納骨と追悼式は無宗教でおこないます。個人が自己負担で宗教儀礼をするのは自由。合同納骨日までの間は、墓園側が遺骨を一時預かりすることも可能です。

この日の合葬者は四人。まずその家族が墓前に立ち、ついで参列者。参列者のなかに、誘われて参加した非組合員の夫妻がいました。東北出身の六十六歳と六十四歳。子どももなく、二人の遺骨の納め場所を探していました。共同墓を見て、これだと思いました。「多くの人たちといっしょと思うと心丈夫にもなる」。組合員になり、共同墓にも入会しました。

最後に支部委員長の小津共弘さんがこんなあいさつをしました。

「先輩たちの足跡を継ぎ平和のため、人間らしく生きるために励み、がんばって、ここに入るのはできるだけ先延ばししましょう」

本来、自治体がやるべきこと

「共同墓建設には、長い運動の歴史がある」。全日本年金者組合清瀬支部の共同墓運営委員会事務局長、内田重盛さんがそう語ります。

清瀬市は結核療養所があり、中国からの引き揚げ者が多い。病気や戦争で故郷を離れ、ここで生涯を終える。そんな事情が運動の背景にあったのだそうです。

一九六七年、清瀬生活と健康を守る会竹丘支部が町議会（当時）に「町営墓地建設」を請願。以後、生健会や清瀬老後保障をすすめる会などの「町（市）営墓地、納骨堂」の要求、請願がくり返されてきましたが、行政の壁は厚い。そんななか、八九年結成の年金者組合が「自分たちの墓をつくろう」の声をあげました。個人で墓を持つのが大変。身寄りがなく無縁墓になるのが心配。そんな声を受けて共同墓建設委員会を発足させました。

狭い清瀬で土地探しは困難。寺院墓地では多かれ少なかれ「宗教」にしばられる。近隣の分譲墓地をあたりました。運動団体の共同墓という構想に理解を示したのが現在地の墓地経営者。すでに老人ホーム自治会の共同墓も同墓地にありました。清瀬市中心部から車で二十分と、墓参にも便利。永代使用料と墓石工事費など千五百万円の資金は組合員からの借入金などで工面しました。

共同墓運営委で会計を担当する坂山豊さん。年金者組合の運動は憲法の精神を暮らしに生かすことだといいます。ゆりかごから墓場まで。独りぼっちにしない。人間らしく生きる。墓があることで、死の瞬間まで安心して生きられるのだと。

同時に坂山さんは、「共同墓や共同納骨堂は今後すすむべき方向ではないか」といいます。第一に個人負担が軽減される。そして省スペース化が可能で、墓地開発による自然破壊防止にもつながる……。

「でもこれは、本来、自治体がやるべきことなんですよ」と、坂山さんは言います。

生きている者のきずな

年金者組合清瀬支部の組合員は約三百五十人。さまざまな運動を通して着実に増えています。開設時四十六人だった共同墓会員はいま百三人。

追悼式後の懇親会で組合員は、共同墓で「安心」を手に入れたと語りました。「〝死後の世界〟には関心がなく墓にはこだわらないけれど、遺骨の置き場所が決まり、ほっとした」「子や孫に墓の管理を押しつけるのはかわいそう」。組合の行事に参加するのが楽しくなったという人もいました。「だって死んだあとまでの仲間でしょう。生きている間にこそ、力をあわせなければ」と。

運動団体の共同墓は、各地の生活と健康を守る会が先駆けになり、広がりを見せています。年金者組合福岡県本部は二〇〇二年四月、県レベルの共同墓を完成させました。名の知れた寺の墓地に四十平方メートル、高さ三メートルの納骨堂が建っています。

寺院墓地だけに春秋の追悼式では住職が読経するけれど宗教は不問。二千万円の建設費にあてた建設債も完済し、財政的にも軌道に乗ったといいます。

きっかけは一人の組合員の死去。組合支部が香典を届けたけれど、身寄りがなく、受け取り人がいませんでした。「さびしい思いの仲間がいる」。それを自分のこととして考え、たどりついたのが共同墓構想でした。「いかに充実して生きぬくかは、どう死を迎えるかに直結している」と。

「予想以上の反響だった」と、森田礼三運営委員長はいいます。開設時百九十一人の共同墓会員は四百人を超しました。「墓に入りたい」が動機で組合員になった人は五十人近く。共同墓で自分の老後の不安が一つ減る。同じ墓に入るのだという思いや物故者をしのぶことで、運動のなかに連帯感やきずなが育つ――「共同墓は、生きているわれわれ自身のよりどころにもなっている」と語ります。

映画人の共同墓

真言宗智山派多聞寺（東京都墨田区）。荒川のほとりにあります。本尊の毘沙門天《びしゃもんてん》は隅田七福神のひとつ。岸田正博住職はアジア仏教徒平和会議日本センター理事で、寺として「憲法九条の具現」を呼びかけています。

この多聞寺の境内に「映画人ノ墓碑」があります。一九九二年建立。「映画を愛し、平和と民主主義を支え、人間の尊厳を守った人々」の共同墓です。

さきに紹介した共同墓は、生活と健康を守る会や年金者組合などの運動団体が運営母体となり、構成員を対象に建てたもの。「映画人ノ墓碑」はそうではなく、墓碑のための独自組織（映画人の墓碑の会）を設立して建立・運営する共同墓です。

一坪余りの墓域に、黒みかげ石の二メートル余の長方形の碑。厚さはあまりなく板のような形です。フィルムのイメージなのだそうです。

地下のカロートは人が入ることができる大きさ。底の中央部はくりぬかれて砂を埋め、浸水を防ぐ工夫をしています。納骨時には専門の作業員が入り、壺から出して骨を撒《ま》きます。「土に返す」考え方です。骨は年数を経て土と同化するから、カロートが満杯になる心配はないといいます。

毎年四月二十九日、合葬と合同追悼会がおこなわれます。

二〇〇五年に合葬された十八人のうちの一人は、前年五月に九十三歳で死去した南とめさん。一九一〇年にＰＣＬ（のち東宝）に入り、日本最初のスクリプター（記録係）になりました。のちネガ編集に転じて三十年間、黒澤明監督作品など六百本近くを担当。若手から「ネガの神様」と慕われました。八十一歳で現役を退いたあと「私もあの墓に入りたい」と、生前予約。友人の高倉三郎さんは「南さんらしい送られ方だった」と語りました。

故坂斎小一郎さん。戦前から映画界で活動し、戦後は労働組合映画協議会書記長などを経て共同映画社を創立。日本映画の復興や平和と民主主義の運動につくしました。

一九八七年、坂斎さんの三回忌の席で「墓をどうするか」が話題になりました。「資金（五百万円）はあるけれど、将来お墓の面倒をみる人がいない」とハツ夫人。この資金を役立ててほしいというハツさんの申し出が、共同墓構想に発展しました。

九二年の第一回合葬者は坂斎さんや監督の山本薩夫、今井正、俳優の薄田研二の各氏ら三十三人。二〇〇五年四月には合葬者は二百三十人になり、生前予約者は二百四人。年々、増えています。

「当初は〝身内の共同墓〟程度に思っていたが……」と、墓碑の会の野原嘉一郎理事長。「時代の反映だろうか。この種の共同墓を必要とする人の多さを実感している」といいます。墓碑の会は「会の社会的責任が高まった」として「墓碑の永続的維持管理」体制の強化にとりくんでいます。

合葬には遺骨をすべて納める「全骨」、別に墓を持つ人の「分骨」と、墓碑名のみとがあり、「近年、全骨が増えている」といいます。

入会金は個人が五千円。墓地負担金は、生前予約の全骨本人が二十万円、分骨本人五万円、配偶者の場合は、全骨も分骨も五万円。死亡後の合葬の場合は、全骨三十万円、分骨十万円で、配偶者は五万円。別に納骨にさいして埋蔵費が一人五万円必要です。

墓碑の文字「映画人ノ墓碑」を書いたのは新藤兼人監督。妻の乙羽信子さんもここに合葬されています。

三年前の合同追悼会で、新藤さんは「人間は死ぬと灰になってなくなるが、残された人には亡くなった人の思い出が残る」と語りました。

新しい「高齢者運動」として

東京都老後保障推進協会（都老協）が千葉県松戸市の日本山妙法寺孝ノ台道場で会員家族の納骨・追悼式をしました。

納骨されたのは菅原良作理事（六三歳）の妻千代さん。千代さんは一九九四年、交通事故で死去。良作さんも半年間寝たきりになる重傷で、遺骨は栃木県の実家に預けざるをえませんでした。

「ずっと気になっていた」と菅原さん。十三回忌までには何とか……。そんなとき教えられたのが、この納骨施設でした。式は都老協の「運動」として位置づけられました。家族のほか城田尚彦会長ら関係者多数が参列。「きちんとした形で納骨してやれてほっとした。私も将来ここに入れてほしい」と、菅原さんは語りました。

江戸川べり。近くに伊藤左千夫の「野菊の墓」の文学碑、対岸には柴又帝釈天。夫妻が子ども連れでよく来た場所にも近い。小ぢんまりした境内に五メートル近くの大谷石の供養塔。地下には広い納骨室があります。塔の背面に「1966年8月建立、全日自労東京支部飯田橋分会」とあります。

「墓がない、墓を持てない仲間が大勢いた」と当時、分会書記長で、のち都老協事務局長の杉本瑞穂さん（七七歳）。日本山妙法寺の藤井日達山主（故人）に直訴し、境内地使用の許可を得ました。

塔の建設費は全日自労組合員の募金。当時の金で百万円近くが集まりました。「それだけ切実な要求だった」と杉本氏。納骨対象は組合員に限定せず、納骨料の設定もあえてしませんでした。無料で納骨したこともあり、すでに遺族のいない遺骨も少なくありません。

「建立当時の経過を大切に、新たな高齢者運動として」と都老協の福井孝善事務局長。土屋昭覚道場主任（住職）は、「平和運動につくした人や縁者を、宗教の有無や宗派の違いに関係なくお迎えしたい」と語ります。

墓碑に刻まれた「志」の文字。森清範・清水寺貫主の揮毫《きごう》です。東大阪市の生活と健康を守る会が新設した共同墓。約四十三平方メートルの墓域で三棟の納骨施設には百八十体まで収蔵でき、一定期間をすぎると墓域内に合葬します。

二〇〇五年十一月に「開眼法要」。京都宗教者平和協議会前事務局長と大阪宗平協事務局長が導師をつとめました。

法要のあいさつで、二俣寿一会長が三十数年前を振り返りました。福祉事務所でほこりをかぶった、引き取り人のない遺骨。「人間の尊厳を痛感し、仲間の墓をつくろうと決意した」そうです。

宗教不問で納骨費は十五万円から二十万円（二体目は十万円から十五万円）。毎年二回、追悼行事をします。「墓を買う予定だったけれどやめた」「会が面倒みてくれるのなら安心」「子どもに負担をかけたくない」。そんな声が寄せられている、と伊澤誠事務局次長は語ります。

元赤旗編集局長の韮沢忠雄さん（東京・中野区）。二〇〇五年十月、妻の濱子さんが死去しました。無宗教の「音楽葬」で送りました。遺骨は近く、中野区生健会の共同墓（埼玉県越生町）に納めます。同会会員だった濱子さんは生前、共同墓建設にもかかわり、「私も入りたい」と語っていました。それに、「宗教上の拘束を受けたくない」という韮沢さんの思いもあったそうです。

それにしても――。「葬儀後に墓や香典返しの売り込みが殺到したのには驚いた」と、韮沢さんは言います。

変わる墓のイメージ

その人々の人生にふさわしいオリジナルな墓碑を。そんな願いを受けて、「彫刻墓碑」にとりくむ作家がいます。彫刻工房「十方舎」（東京・葛飾区）の山本明良さん（五九歳）と冨田憲二さん（五八歳）。金沢美術工芸大学彫刻科の同期です。

モニュメント制作や個展、グループ展で活動する二人と墓碑との出会いは二〇〇二年。知人の画家夫妻から息子の墓碑制作を依頼されました。

千葉県にある五平方メートルの市営墓地。「思いがけない仕事だった」と二人はいいます。夫妻は二人との意見交換を重ねたあと、二つの作品を選びました。高さ一メートル足らずの、山本さん制作のアーチ型と、冨田さんの船型の作品。これを、南アフリカ産黒みかげ石の台座に配置しました。水をかけると表面が光り、水に浮いたように見えます。

無宗教だから焼香台はなく、カロートのふた石を花置きにしました。那智黒の玉石のすみに平面の石を置き、名前を刻みました。

納骨の日、母親から電話が入りました。「親類のみんなが、すてきな墓といってくれた」。自分たちの作品に、こんな生かされ方があったのか。同時に「人生は多様なのに、墓の選択肢が限られている」という現実を痛感しました。

作品は全国優良石材店の会のニューデザイン賞に選ばれました。以後、手がけた墓碑は十点余りになります。

「九州に両親の墓があるけれど墓参もままならない」という相談を受け、二〇センチ×三〇センチのモニュメントを制作。「身近で両親への思いを」という願いに応えたこともあります。

石材大手は、ニューデザイン墓石販売に乗りだしています。しかし「機械カットは二次曲面が限度。三次曲面は彫刻でないと無理」と二人。納骨や追悼会など、墓碑前で感じる人々の生きざまには、展覧会とは違うものがあるのだそうです。

山本さんと冨田さんは墓碑を建てる現場のイメージや、依頼者との対話を大切にしています。「対話をくり返すなかでやっと、依頼者の思いが表に出てくる」からです。

希望を聞き、デザインを提案する。当初は「文字は活字体でいい」といっていた依頼者が、文字の形から刻む位置まで真剣に考えはじめる。故人を思い、その生きざまをふり返る作業がそこにあるに違いない。「その過程を大切にしたい」といいます。

障害者団体「青い鳥福祉会」の理事長・施設長だった小野隆二さんの墓があるのは埼玉県東松山市の曹洞宗寺院。五・五二平方メートルの墓地です。隆二さんの墓であるとともに、施設の人々も合葬する共同墓。それが故人の希望だったと、妻の美佐子さんがいいます。

小野夫妻と山本、冨田さんの出会いは、隆二さんの死去の三カ月前。同福祉会のチャリティー展覧会に二人が出品したのが縁でした。「作品と二人の人柄が強く印象に残った」からだといいます。

墓碑の中心に球形の石。長野県出身の隆二さんにちなんで長野産の白大理石です。山本さんたちが千曲川沿いを歩き、見つけました。それを抱く石は、高知県生まれの美佐子さんにちなみ、四国産の青石。「原石を生かしたものに」が、美佐子さんの希望でした。外柵を少し低くして、障害を持つ人が腰をおろしやすくしました。

同市の市議（共産党）でもある美佐子さん。夫の墓を訪ねるとよく、花や松ぼっくりがそなえられています。「仲間の誰かが来てくれたのだな」。しんみりと、温かさがこみあげます。

「明日へのエネルギーを、ここでもらってくる」と美佐子さん。外柵に腰かけて読書することもあります。

「お墓って、残された者のためでもあるんですね」。従来の「墓」のイメージが変わったそうです。

「樹木葬」墓地

従来の「墓」の概念を一変する墓地が一九九九年十一月、岩手県一関市の山中に誕生しました。

第一に墓石がありません。外柵やカロートなど墓につきものだった人工物は一切ない。一メートル近く穴を掘り、遺骨は骨壺から出して直接埋める。その上に、山ツツジやウメモドキなどの花木を植える……。

臨済宗妙心寺派祥雲寺が始めた「樹木葬」。山を削り、木を切って墓石をならべるのではなく、自然のままに、木を育てながらつくる墓地です。

「別に新しい葬法ではない」と、千坂𠗉峰《げんぽう》住職は言います。庶民の墓に墓石が建ちはじめたのは、せいぜい江戸期以降。それ以前は「自然に返す」葬法でした。だから「樹木葬は、いわば墓の先祖返り」だと言います。

買い取った里山の、手入れのできていない杉林を間伐し、雑木を植える。ウリハダカエデ、カスミザクラなど、この地域に合った雑木です。混交林にすることで山自体に力がつくのだそうです。

下草を刈り、小さな通路をつくる。作業スタッフは、現地に開設した別院（知勝院）や地元の農民です。手作業で、そんな作業をくり返して少しずつ埋葬用地をひろげています。

現在の墓地は約二万七千平方メートル。直径二メートルの円内が一人（一家）の墓域。すでに四百人が埋葬され、契約者は千二百人に達しています。

埋葬場所に植えた花木の根元には、名前を書いた小さな木札を立てています。名前はすべて俗名。戒名の希望があれば、別途、位牌をつくります。これは遺族の持ち帰り。

墓地管理者として、埋葬時には住職が立ち会うけれど、墓地としては宗教不問。秋の合同追悼式（樹木葬メモリアル）には住職とともに牧師と神職が参列し、聖書や祭詞をよみます。式には毎回約三百人が参列。「墓は、生と死を考える方便（手がかり）。ここに来て、心にゆとりを取り戻してほしい」と、千坂住職は言います。

墓石の代わりに木を植える。樹木葬は、外形的にはそれだけのことだけれど、祥雲寺の発想は違っていました。墓地問題として樹木葬を考えたのではなく、里山を守り育てる運動のなかで生まれた発想でした。

千坂住職と自然保護運動の出会いは十五年前。北上川流域のスーパー堤防計画から柳之御所遺跡を守る運動でした。その後、「水環境ネット磐井川」を設立するなど、北上川の支流・磐井川やその支流の久保川流域を拠点に活動をつづけています。

東京・多摩を訪ねたときのことです。山肌を削った巨大墓地。千坂さんの目には、人の手による自然破壊と映りました。一方、地元を見ると農林業が衰退し、山林の手入れができなくなったための自然荒廃――。

「森は、適切に手を入れてやらないと荒れてしまう」と千坂さん。樹木葬墓地として購入した山もそうでした。農協の担保に入り、不良債権となり、「このままでは産廃処理場にされかねない」。まわりの谷川や用水にはホタルも生息する地域です。墓地にして自然を守る方が地域にとってはるかに良い……。

千坂住職は、契約者らを対象に年三回おこなっている「間伐研修」を大切に考えています。三泊四日で参加費一万五千円（冬期の研修は二泊三日で二万五千円）。

朝の座禅、間伐やハイイヌツゲの根抜きといった自然づくりの実習、久保川沿いのトレッキングなどが研修のメニュー。毎回、定数いっぱいの三十人前後が参加するそうです。

「研修は、宗教法人としても欠かすことができない」。

参加者を宿泊用ログハウスのベランダに案内します。起伏をくり返してつづく北上山系。そのかなたには奥羽山脈の栗駒山（地元では須川岳）。

「自然の奥深さを見てほしい。そしてこの大地に生かされていることを実感してほしい」と語ります。

経営許可にさまざまな工夫

既存の墓地を樹木葬にするのではなく、地域の里山を新たな墓地にする。――祥雲寺の樹木葬墓地づくりには、さまざまな手続きや工夫が必要でした。

墓地埋葬法によると、墓地の経営には知事の許可が必要。実際には市町村長に事務委任されています。県や市は独自に墓地設置要領を設定。その内容は地方によって少しずつ違っています。

岩手県と一関市の要領は、経営主体が公共団体または宗教法人や公益法人であること、設置場所が公共施設や河川などから約百メートル以上離れていることなど、全国に共通なもののほか、①地元（区長）の同意、②隣接地の所有者・使用者全員の承諾、③隣接地との境界を明示する施設、④墳墓の区域の特定――などがありました。

最初の候補地は隣接地権者約四十人のうち数人の反対で断念。二回目の現在地の地権者は三人で全員の承諾を得ました。

要領の③、④項は従来の墓石型墓地を想定したものだけに工夫がいりました。隣接地との境界には二メートルおきにアジサイを植えました。墓地内に基準木を定め、これと土中に埋めた標識を組みあわせて図面におろし、誰がどこに埋葬されたかを特定できるようにしました。

半径一メートルの円が一人（一家）の墓域。使用料は五十万円で、親族で二体目以降は一体十万円。年会費は八千円。

墓地のあちこちに埋葬を示す花木、契約者の予定地を示す小さな木札もあります。根元にユリなどの花を供えてある花木が目につきます。参拝者が絶えないのでしょう。千坂住職が足を止めて、センブリなど山野草の生育をたしかめます。土壌が正常な状態を保っているかどうかのバロメーターだそうです。「墓で人の手が入り、里山が生き返っている」。その証《あかし》なのだと。

葬儀を考える市民団体・エンディングセンター代表の井上治代さん（東洋大学助教授）。祥雲寺の樹木葬計画を聞き、岩手県一関市にかけつけました。かねてから注目していたからです。イギリスに行き、バラの下に埋骨する庭園墓地や森林墓地を視察してきたばかりでした。

このような葬法自体は早くから知られていたそうです。一九八五年に東京都が作成した青梅総合公園計画にも森林墓地構想が入っていました。しかし計画自体が頓挫。「日本では無理なのかと、あきらめかけていた」と言います。

エンディングセンターとして祥雲寺の樹木葬の連絡窓口を引き受け、その経験や教訓の普及にもつとめてきました。

それから六年。樹木葬墓地を手がける寺が各地に生まれています。

山口県萩市（旧福栄村）の曹洞宗宝宗寺は二〇〇四年十二月、本堂裏の寺有地約二千三百平方メートルの墓地経営許可をとり、樹木葬専用墓地にしました。

新聞が同墓地を紹介し、問い合わせが急増。「毎日のように見学者がある」と三上隆章住職は言います。

半径一メートルの円が一人（一家）の区画。三百人分の広さです。すでに二十人余りが契約し、四人が埋葬されています。五十年の永代供養で一体五十万円（二体目からは十万円）。

曹洞宗寺院だけれど樹木葬は宗教不問。「檀家のワクにしがみつく寺で良いのか」という住職の考えからです。「どう生きるのかを問うのが本来の仏教。墓を考えるのを契機に、そんな対話を広げたい」と語ります。

「里山保全」や「宗教の問い直し」と、動機はさまざま。共通するのは〝自然と墓の共生〟でしょうか。

都市型「樹木葬」も

桜の下で眠りたい――そんな企画が各地で始まっています。発信元はエンディングセンター。「都会にも樹木葬ができる場所が欲しいね」。勉強会の、そんな声から生まれた構想でした。

普通の樹木葬のように埋葬地点に一本ずつ植樹する方法では、低木類に限られてしまいます。枝が張る木だと、隣の墓域を侵してしまうからです。いっそのこと、一本か二本の大きな木の下でみんなが眠ってはどうだろう。それには桜の木がピッタリ。こんな具合に「桜葬」のイメージがふくらみました。代表の井上治代さんは「特定の宗教にしばられず、民間運動団体が直接参画するものをという思いもあった」と説明します。

同センターがその場所に選んだのは東京・町田市の分譲墓地。そのうち約百四十平方メートルを同センターの桜葬墓地として取得しました。ここに彼岸桜や八重桜を植え、地面は芝生。七〇センチ×三五センチの個別区画を二百五十、残りは共同区画にします。各区画は、墓地の周囲に設置した目じるしで特定できる仕組みです。

契約はエンディングセンター立ち会いのもと、墓苑経営者と利用者が結ぶ方式。市民団体であるセンターが契約当事者にならないのは、墓地の永続性や公益性を保障するための措置だそうです。

個別区画は使用料が三十万円（二人目からは十万円）で、環境保全費が二十万円。共同区画は十二万円と八万円。それと、生存中はエンディングセンター会費（年五千円）がいります。

あらかじめ紙製で筒型の「自然棺」を埋め込み、その中に埋葬します。埋葬後は永遠に動かさず、棺も骨もそのまま土に返る。だから、継承者不在の人も利用できるシステムだといいます。

「樹木葬に、もう一つの選択肢ができた」「人生のファイナルにふさわしい」――同センターが開いたシンポジウム参加者の感想です。

エンディングセンターが企画する「桜葬」墓地の開設前、現地見学会に同行しました。東京・町田市の分譲墓地。すぐ近くには鎌倉古道「布田道」の入り口があります。幕末、近藤勇や土方歳三が剣術けいこに通った道です。

この日の参加者は四十人余り。代表の井上さんの説明を受け、「土に返るまで何年ほどかかるのか」「いますぐ遺骨を持ってきてもいいですか」などの質問が続きます。「桜の季節に合同追悼式ができたらいいね」の声も。

五十七歳と二十七歳の母娘がいました。夫の遺骨は故郷の石川県の寺に預けてあります。「夫といっしょに埋葬されたい」と母親。「でも、娘たちの世話になるような時代ではない。みんなで自然に返るという考え方には共感できる」と語りました。

予約者の募集開始は少し遅れました。当初、墓地の許可をとったときの図面が、通路で区切った従来型の墓地だったからです。図面を書き直して市に提出し、公告期間を経て、正式許可は二〇〇五年十月中旬になりました。それでも申し込みは順調に増えています。

東京で初めての都市型樹木葬墓地。東京都をはじめ、各地の自治体が視察に来たり、韓国の研究者や関係者、新聞社の見学が跡を絶たず、注目を集めています。

見学会で、井上代表は、今日の墓地問題を四点に整理して説明しました。

第一に脱継承。後継ぎの必要のない墓が求められていること。第二に次世代に自然を残したいという自然志向。第三が自分らしさという個人化。第四が新しい共同性。地縁や血縁にしばられるのではない、ゆるやかな共同性。「桜葬」がそのモデルのようです。

韓国葬送事情

エンディングセンターの桜葬（樹木葬）墓地現地見学会に、二十歳すぎの女性二人が参加していました。

東大大学院農学生命科学研究科の院生です。一人は日本人、もう一人は韓国からの留学生。森林科学が専攻で、林政学研究室に所属しています。

二人の参加にはそれぞれの目的がありました。日本人の院生は「森林と人々のかかわりをどう考えるのか」。韓国人留学生は「墓地開発による森林破壊」。韓国ではいま、墓地問題が深刻化しているそうです。

韓国は歴史的に土葬文化。儒教の影響です。過去には仏教の影響で火葬が多い時代もありました。李氏朝鮮時代になると儒教政策が強化され、以降、土葬が主流になったと言います。儒教に、伝統的な霊魂観が重なりあって独特の葬送文化がつくられた、とも言います。

土葬のうえ「〇〇家の墓」ではなく個人墓が主流。しかも、墓は権力や財力の象徴とされてきました。「墓地面積が巨大化する要因がそろっている」と、同院生は語ります。

韓国の墓地は一基平均六十三平方メートルで、国民一人の居住面積（十四平方メートル）の四倍以上にもなる。一九八〇年代後半から九〇年代半ばにかけて、年平均八・六平方キロメートルも墓地が拡大し、九八年の推計では国土の一パーセントに達した。――そんなリポートもあります（葬送の自由をすすめる会『再生』五八号）。

「森林破壊をどうくいとめて土地の有効利用をはかるのか」と同院生。「樹木葬や散骨の法制化」も、そのための大事な研究テーマだと言います。

エンディングセンターや散骨（自然葬）にとりくむ「葬送の自由をすすめる会」にも、韓国からの視察団が相次いでいます。それも、官、学、民がそろっての視察なのだそうです。

韓国葬送事情は「あまりにダイナミック」に変化している。――共同通信ソウル支局長が、そんなリポートをしています（葬送の自由をすすめる会『再生』五八号）。

土葬文化をどうするのかが、いま国をあげての葬送改革の課題になっているそうです。

政府が先頭にたって進めているのが火葬の普及。一九七一年には七パーセント、九一年でも一七・八パーセントだった火葬率が、九七年以降急上昇。九九年に三〇・三パーセント、二〇〇三年に四六・四パーセント、現在は五〇パーセントを超したと見られています。

自然志向の葬送の普及にも力を入れているそうです。韓国保健福祉省は葬事制度改善推進委員会をつくり、葬送関連の法規改正に着手。他の行政機関も、散骨や樹木葬についての啓蒙などにとりくんでいると言います。

「日本の葬送改革をいっきに圧縮するような勢い」と言うのは、韓国葬送事情を視察してきたエンディングセンターの井上治代代表。「韓国の墓地問題は土地問題。日本の施設の規模を上まわる火葬場や斎場がつくられている」と言います。

『再生』誌のリポートは、こんな現象も伝えています。韓国では病院が「葬儀産業に変身している」というのです。

韓国消費者保護院がおこなった葬儀場の調査（二〇〇四年五月）では、七〇・八パーセントが病院の霊安室での葬儀。ソウル市では九一・七パーセントになります。自宅葬は二一・五パーセント、専門葬儀場での葬儀は六・八パーセントにすぎないそうです。

「ここ十年くらいの急激な変化」と同リポート。都市化でアパートでの葬儀が困難になるといった事情もあるようです。

大病院には仏教、キリスト教、無宗教などの葬儀ができる霊安室が多数つくられ、飲食や宿泊設備もあるそうです。

ちなみに、韓国の平均的葬儀費用は約九百四十万ウォン（百二万円）で、土葬の墓の費用が七百十四万ウォン、火葬の納骨費は二百六十万ウォンだそうです。

桜葬メモリアル

桜葬墓地開設半年後の春、第一回の追悼行事「桜葬メモリアル」が開かれました。

エンディングセンター会員ら約百四十人が参列。琴の献奏、読経、そしてオリジナル曲「桜」が流れるなかで「はかない生命だからこそ、存分に生きよう」と語りかけました。

墓園内の桜は満開。桜葬墓地に植えた二本の若木も花をつけていました。その下の芝生には、すでに二十人余りが埋蔵されています。

横浜市の女性（六九歳）は前日に夫の遺骨を埋蔵したばかり。家族・親類が無宗教の献花で送りました。決められた場所に埋められた筒型の紙棺に遺骨を入れ、芝生でおおう。「この桜がもっと大きくなったころに私も入るからね」と亡き夫に語りかけたそうです。

別の遺族は「見知らぬ人もみんな心を寄せてくれているようで、とてもうれしくなった」。新聞の連載で知り二人で入会したという夫妻（東京・昭島市）もいました。

これに先だっておこなわれたシンポジウムのテーマは「桜の下で死と生前準備を語ろう」。雑誌『SOGI』の碑文谷創編集長は「家族のありようはそれぞれ違う。その視点で葬送をとらえる時に来ている」と述べました。

清水勇男弁護士は、個の尊重や幸福追求権など憲法に由来する自己決定権として尊厳死を位置づけ、「ただし公共の福祉に反しない（他人に迷惑をかけない）範囲で。そして自分の意思をきちんと書き残すことが大切」と語りました。

井上さんは「息を引きとった瞬間から（行政の）サポートを受けられなくなる。これで人間の尊厳と言えるだろうか」と問いかけました。

“海にかえった”遺骨

神奈川県三浦三崎のヨットハーバー。午後一時すぎ、船は岸壁を離れました。「シナーラ号」。全長九七フィート、七三トン。チャーチル元英国首相の持ち船だった帆船です。

葬送の自由をすすめる会がチャーターし、散骨（自然葬）のため、相模灘洋上に向かいます。通常、散骨は個人単位でおこなうけれど、この日は年に数回の「特別合同葬」。十人の故人の家族が乗り込みました。「喪服はご遠慮ください」という主催者の要請で、全員が普通の服装です。

参加費用は船のチャーター代を入れて一家族十万円。費用は散骨の場所や方法で違ってきます。

前日までの荒天で風が強い。全員に波しぶきを避ける雨ガッパが配られました。大半の家族は下のキャビンに入ったけれど、手すりにすがり、揺れるデッキに立ちつくす人も。

航行三十分余り、江の島南方で停船しました。クルーが、メーンマストにつるした鐘を一打ち。名簿順に散骨を始めました。

船べりに取り付けた筒から骨灰を流す人。可溶性の和紙に包んで投げ入れる人。持参した花びらを投げ、ワインを注ぐ人もいます。

遺骨は砕いて粉末にする。包装袋は水溶性のもの。花は花弁だけにして茎は投げ込まない――。葬送の自由をすすめる会の、自主的なルールです。

骨を粉末にするのは他人に不快感を与えず、早く自然にかえすため。業者に頼む方法もあるけれど、この日は全家族が自分の手で粉末にしていました。「初めはつらかったけれど、作業を通して故人への思いを強くすることができた」と、家族の一人が語りました。

シナーラ号のデッキ。「さようなら」「私も行くからね」。小声で語りかけ、波に揺れて離れていく白い包みを見つめ、手を振りつづける。

北緯三五度九分、東経一三九度三三分。この海で十人の骨が「自然」にかえりました。

クルーが、メーンマストの鐘をカン、カン、カンと三回打ち、全員の黙とう。シナーラ号は帰路につきました。

階段を降り、それぞれのキャビンで時を過ごす家族。波しぶきのかかるデッキベンチに座りつづける家族もいます。

往路、手すりにすがって揺れるデッキに立ちつづけていた女性。横浜市のOさんは長男（五五歳）と二人、階段脇の長イスに腰をおろしていました。

開業医の夫が九十歳で死去したのは一年半前。出航前、波が高いから陸で待つよう勧められたけれど、「やっぱり、いっしょに船に乗りたかったので」。

「死後は出身大学に献体し、あとは散骨に」は、故人の希望でした。亡くなる二年前に、そう告げられていました。

「医者として、さまざまな生と死を見てきた。その結果としての希望だと思う。法外な金額で葬式をする風潮への反発もあっただろう」

グラフィックデザイナーの長男が、そう語りました。親類からはさまざまな意見が出ました。同じ医師である故人の弟には「献体はやめろ」と、強く言われました。だが「葬送にはそれぞれの考えがあっていいと思う」。大学から遺骨を戻されるのを待って、この日を迎えました。

「(遺骨を海に投げながら)自分もこうしてほしいと思った」と長男。Oさんは「やっと区切りがつきました」と語りました。

「特別合同葬」に加わった十家族。葬送の自由をすすめる会の集まりで顔をあわせたことがあるかもしれないけれど、実態としては初対面です。

互いにあいさつを交すわけでもなく、家族間の対話があるわけでもない。それでも、船上で荷物を預かってやったり、手をさしのべたり。無言の支えあいがありました。やはり、「通いあう」何かがあるのでしょうか。


相模灘の散骨(自然葬)を終えた十家族には、葬式をしていた家族もいれば、していない家族もいました。

東京・府中市のFさんと長男。七カ月前、交通事故で入院中の夫が死去しました。七十五歳でした。死を間近にしたある日、夫が突然、散骨を口にしました。

「（四国の）故郷も家も墓も弟にゆだねて東京に出て、一人で生きてきた。いまの家族も二十年後にどこでどう暮らしているのかわからない。墓をつくって孫子の代まで面倒をかけるのでは、気がひける」

「父がそんな考えとは知らなかった」と長男。「でも、思いはよく理解できた」。身内だけで葬式をすませました。

「夫の存命中は楽しいという思いはなく、言われる通りに生きてきた」というFさん。いまは「いい思い出しか浮かんでこない」と言います。「これでいい。私もいずれ、海か山にかえるよ」と。

十人の故人のうち最年少は三十九歳の男性。この日、母親は体調を崩し姉と妹が参加しました。

男性が死んだのは二年前。自殺でした。そんな死に方に周囲はとまどいを隠せない。家代々の墓に埋葬することもはばかられたようです。

母親の決断が散骨でした。「自然の中に放してやった方がよい」。一カ月かけて、三人で遺骨を粉にしました。作業中の母親は彼に語りかけているようだったそうです。

姉は「これであんたは自由なんだよ」と遺骨を海に入れました。妹も「寒くて暗い墓にとじ込めるよりよかった」。山梨県の自宅の居間には、遺骨の一部と写真を置いています。

「それぞれに不安や苦労を乗りこえて、この日を迎えた」と、葬送の自由をすすめる会の安田睦彦会長。「海を見て、故人をしのび心の安らぎを覚えてくれれば」。上陸後、各家族に「自然葬実施証明書」が渡されました。

「法の内」と「法の外」

墓石を建てず、骨(焼骨)は自然に返す。その理念では、散骨と樹木葬はよく似ています。しかし法律の上では大きな違いがあります。

樹木葬は、墓地埋葬法で「墓地」として許可された場所でおこなう葬法で、散骨は墓地に限定されない海や山。墓埋法には死体の「埋葬」や焼骨の「埋蔵」「収蔵」の規定があるけれど、骨を「撒《ま》く」という規定はありません。つまり散骨は法律の想定外。樹木葬と散骨には「法の内」と「法の外」という違いがあります。

葬送の自由をすすめる会の安田睦彦会長は、これを「墓地葬」と「自然葬」に区別します。死者の弔い方は各人各様であってよい。画一的な葬法しか選べないのはおかしいと指摘します。

つい最近まで、一般的には散骨は違法だと考えられていました。一九八八年の東京都霊園問題調査会報告書も、「現行法の下では禁じられており、現段階では不可能」としていました。その散骨がどう社会的に認知され、広まったのか——。

安田氏によると、火葬先進国の日本では散骨の歴史も古い。九世紀前半の淳和天皇は「薄葬」を遺言し、自らの遺灰は「山中に散ずべし」と指示したそうです。

明治になって政府は、墓地外への埋葬を禁止しました(一八八四年)。「死者を〝家の墓〟にしばりつけることで、葬法まで国家管理下においた」と安田氏はいいます。

安田氏は一九九〇年九月、新聞の論壇欄で散骨違法説に反論。墓地造成による自然破壊や高熱処理された遺灰の無害性を説き、「葬送の自由」を呼びかけました。

三百通を超す反響がありました。ほとんどが共感の声、これをうけて九一年二月、学者、弁護士らとともに「葬送の自由をすすめる会」を結成。「憲法の基本的人権に基づき、『葬送の自由』について社会的合意を広げる」（会則）運動を開始しました。

「自然葬」問いかけて

「青い海にただよう白いヨットは、一羽の白鳥のようだった」

葬送の自由をすすめる会の安田会長のリポートです（岩波ブックレット『お墓がないと死ねませんか』）。

一九九一年十月五日、相模灘。「わが国の葬送のあり方に一石を投じる」ため、会として初めての散骨（自然葬）がおこなわれました。

故人は三十年余り前に失恋のため自殺した看護師。遺骨の一部を恩師が預かっていました。海が大好きな女性でした。

「後世の歴史は、一九九一年を自然葬元年として記録するでしょう」と船上で安田氏。「あなたがかえる海には、おろかしい戦争の犠牲となった私の戦友がたくさん眠っています。戦友が待つ海に、私も間もなく行きます。待っていてください」と、会員の元外国航路船長。細かく砕いた遺灰は「キラキラと水晶のように輝いていた」……。

マスコミなどには非公開でした。故人のプライバシーを守り、葬送の厳粛さを保ちたかったからだそうです。

「法の外」の散骨が、社会にどう受け止められるのか。墓地埋葬法との関係では、「(同法は)散骨のような葬法を想定しておらず、同法には抵触しない」という厚生省衛生局(当時)の見解がすでに出ていました。

問題は刑法一九〇条(遺骨遺棄)。安田氏らには確信がありました。妻の遺灰を沖縄の海にまいたり、大学ヨット部OBたちが部創設者の遺灰を琵琶湖にまくなど、純プライベートな例が過去にもあったからです。火葬炉の残骨灰を「産業廃棄物として処理している」という火葬場の存在も確認していました。

散骨から十日後、すすめる会はこれを公表。マスコミの取材に法務省刑事局は「死者を弔う目的で、葬送として相当の方法で行われたものなら、刑法の死体損壊罪の『遺骨の遺棄』には当たらない」(読売新聞一九九一年十月十六日付)とコメントしました。

散骨(自然葬)は二つの法の壁を乗りこえました。

墓地埋葬法と刑法一九〇条には抵触しないという厚生、法務両省見解。葬送の自由をすすめる会はこれを、散骨の「公認」と位置づけています。ところが、「公認」ではなく「黙認」状態だという見方も、法律や葬送関係者のなかにはあります。墓埋法はもともと埋葬や埋蔵をする時の規定であり、散骨は法律の想定外だから法の「公認」とは言えないという考え方です。

両省の見解も文書化されたものではなく、「刑法一九〇条の一般的解釈をのべたもので、散骨についての公式見解というものではない」（法務省刑事局）、「墓埋法の適用外という説明で、散骨の是非についての見解ではない」（厚労省健康局）と、行政の説明も歯切れはよくありません。

「公認」にしろ「黙認」にしろ、散骨への理解と実績は急速に広まりました。

当初二百人だった葬送の自由をすすめる会の会員は一万二千人に。同会の自然葬（散骨）は二〇〇六年一月五日現在で千七十回。千八百人以上を葬っています。

場所は故人が希望したゆかりの地だったり、海や山や空と多様。ハワイ沖やモンゴルの草原、鴨《おう》緑《りょっ》江《こう》やガンジス川でもおこないました。

会が購入したり地権者の同意を得て散骨できる山林は全国十二カ所にあります。会はこれを「再生の森」と呼んでいます。個人葬で十五万～二十五万円、合同葬で十万円程度だといいます。

一九九〇年の総理府世論調査で散骨容認は二〇パーセント強。それが九五年（東京都意識調査）では六九・一パーセント。厚労省の「これからの墓地等の在り方を考える懇談会」がまとめた報告書（九八年）は「（節度ある方法なら）現行法上特に規制の対象にする必要がない」という考え方は「是認できる」としています。

自主的ルールで

「今後、散骨ビジネスも登場するだろうが、死の商品化という傾向には疑問を覚える。われわれはあくまで市民運動としての初心を大切にしたい」

葬送の自由をすすめる会の、安田会長の発言です。二年半近くの、同会の取材のなかで何回も聞きました。

散骨は「法の外」の行為。政府の見解も「散骨合法」という公式見解ではありません。それも、「死者を弔うという目的で、葬送として相当な方法なら」（法務省刑事局）という前提条件がついています。

同会は自主的にルールをつくって散骨（同会は自然葬と呼称）を実施しています。

海の場合、①遺骨の粉末化、②海岸でなく沖合で、③養魚場や養殖場を避ける、④水溶性紙で包む、⑤セロハンまきの花束禁止で、花びらだけにする。山では、①遺骨の粉末化、②自然環境を生かし山林全体を使う、③人家や施設から離れる、④水源を避ける――など。

同会はこれを、「葬送のあり方のような心の問題にたいする法規制は本来さけるべき」だけれど、さまざまな価値観や宗教的感情の違いへの配慮が必要だからと説明しています。

実は、「散骨事業」はすでに始まっていました。例えば日本郵船が大手仏具会社と共同で二〇〇一年に始めた「海洋葬」。「戦友がねむる南の海に」といった希望が少なくないからです。費用は一件二十万円余り。日本郵船では通常航路を逸脱できないため、南太平洋の島々を航路にする海運会社とも提携しています。

しかしこれは、いわば特殊な例。散骨を事業の主体にしているわけでもありません。墓地の経営は、墓埋法や同施行令で公共団体や公益・宗教法人などに限られているけれど、散骨にはそんなルールもない。そこに営利事業が進出するとどうなるか――。

散骨ビジネスの登場

北海道長沼町。騒ぎは新聞記事から始まりました。二〇〇三年十一月、朝刊に載った「長沼に『樹木葬』墓地」という記事です。札幌市のNPO法人「22世紀北輝行《ほっきこう》研究会」が同町内の丘陵地に計画。永代管理料込み五十万円程度で、インターネットで全国から申し込みを受け付けるという内容は、町民にとって寝耳に水のニュースでした。

かつて、自衛隊ミサイル基地建設をめぐる「長沼ナイキ訴訟」の舞台になった長沼町。道内有数の米どころで、作付面積日本一の大豆や特産の長ネギでも知られています。

NPO北輝行が計画したのは「ホロナイ樹木葬森林公園」。国道から砂利道に入ってまもなくの、道路沿いの山林二万三千平方メートルが予定地でした。土地の所有者は北輝行代表で会社経営者のM氏。取引銀行からたってての依頼を受け、約四十万円で入手したとされ、M氏自身も町議会参考人質疑で「格安だった」と証言しています。

道路をはさんで反対側は牧草地や野菜畑。野菜は近くの「道の駅」直売コーナーの主力産品になっています。畑の向こうには民家が見え、新興住宅地としても期待されている地域です。

住民の最大の不安は風評被害。「焼骨は科学的に安全と説明されても、住民の不安は別次元のこと。葬送にふさわしい場所とは考えられない」と、藪田亨町議（共産党）は言います。

住民は、墓地の許可権者である町長に反対の要望書を提出。町の見解も「住民の同意が許可の前提条件であり、町営墓地で町民の需要は十分まかなわれている」（山下光雄住民課長）。

町と町民の反対に直面した北輝行側は〝奥の手〟に出ます。許可が必要な樹木葬墓地から許可不要の散骨へと計画変更。「法の外」への転進で、計画推進の姿勢を鮮明にしました。

〝野ざらし〟状態で

NPO法人北輝行の路線変更は二〇〇四年三月。事業部門として有限会社「北輝行」を設立し、長沼町にも通知しました。

町議会総務委員会は四月、事業者側代表と専務を招いて参考人質疑をしました。事業者側は、全国から問い合わせや申し込み希望が来ているとのべ、「墓地の許可が難しいなら（散骨で）その人たちの願いをかなえたい。私どもの目標も実現したい」と表明しました。

「私どもの目標」とは――。北輝行はこの「樹木葬」「散骨」事業を、定年退職者らの永住コミュニティー（こだまの里）計画の一環と説明しました。

「具体化された計画とは考えられなかった」と、参考人質疑に当たった藪田町議。「格安で入手し、資産価値もない山林を区割りして数億円の収入をはかる。質疑からは、そんな構図しか見えてこなかった」と語ります。

「私どもは良いことをしている」と事業者側。計画推進の姿勢を崩しませんでした。

町議会は「樹木葬・散骨場反対」を決議。全町民の六割を超す七千三百人の反対署名。そんなななか、事業者側は「散骨」を強行しました。

十一月、町や道庁関係者らの現地調査。目撃されたのは木の根元に散乱する人骨。粉末化せず、三センチ角ほどの骨が多数露出していました。「まさに野ざらし」と視察参加者。「野犬が住宅地にくわえてきたらどうなる」。町民の不安の声が高まりました。

墓地埋葬法で規制できない行為をどうくい止めるか。町議会は二〇〇五年三月、「何人も墓地以外の場所で焼骨を散布してはならない」(第八条)という条文を盛り込んだ「長沼町さわやか環境づくり条例」を可決。山下住民課長はこれを「法律に定義がなく、規制できない部分を条例で補ったもの」と説明します。

散骨禁止条例に賛否両論

墓地以外での散骨を禁止した北海道長沼町の条例は、法律や政令・条例を通して初めての「散骨」規定になりました。

法律や条例で散骨を禁止することには賛否両論が出ています。

葬送の自由をすすめる会はこの条例を、「憲法で保障された国民の権利を侵す」として、撤回を求めました。

同会の安田睦彦会長によると、長沼町にも会員がいるそうです。「その人が、母親の遺言で持ち山の桜の木の根もとに、ひとつまみの骨灰をまこうとしたらどうなるのか」と問いかけました。

「条例は散骨自体を否定していない」と長沼町の山下住民課長。「町内には（散骨場を設置するような）地理的条件はないという判断だ」と言います。

業者が強行した散骨現場には、三センチ大の人骨が散乱していました。しかも道路ぎわで、通行人からまる見えの場所。「写真で見る限り、葬送として適切な方法とは思えない。条例規制ではなく刑法一九〇条（遺体遺棄）の刑事告発という方法もあったのではないか」という意見も、法律関係者から出ています。町側は「今回のような行為を恒久的にやめさせるには条例しかなかった」と説明しています。

葬送の自由をすすめる会のシンポジウムでも、「葬送の自由は憲法で保障された自己決定権であり、全面禁止という条例は憲法上の問題がある」（戸波江二早稲田大学大学院教授）、「地方の状況に応じたものであり憲法違反ではない」（藤井正雄大正大学名誉教授）と意見が分かれました。

騒ぎから一年後の二〇〇五年十月、長沼町の現場を訪ねました。木の根元には薄くなった骨が数片、残っていました。「野ネズミなどがかじったり、持ち去ったのではないか」と町民。近くには、真新しい線香とろうそくが立っていました。業者を信じて散骨した遺族はどんな気持ちだろう。そんな思いにかられました。

北海道倶知安町の山中に「ニセコ再生の森」があります。全国十二カ所にある、葬送の自由をすすめる会の自然葬（散骨）の森の一つです。長沼町の騒ぎが、ここに飛び火しました。

ＪＲ倶知安駅から狭い山道に入る。かなり深く入った印象だけれど、実は国道直下。国道からは数分のところにその現場があります。約三千五百平方メートルの雑木林。下をＪＲのトンネルが通る傾斜地です。すすめる会北海道支部が一九九七年、十四万円で購入。これまでに三十七体を散骨したそうです。

町民がその存在を知ったのは、長沼町の新聞記事のなかに、〝倶知安でも〟とあったから。羊蹄山をあおぐ観光地。銘柄品のジャガイモ……。町民に風評被害への不安が広がりました。

すすめる会は現地について、「これまでトラブルめいたことはまったく起きていない」（機関誌『再生』二〇〇五年三月）としていましたが、地元は「知らなかった」だけ。

そんな食い違いに拍車をかけたのが二〇〇五年六月の町と議会の現地調査。「粉末化している」という説明と違い、三センチ大の骨が撒かれていました。自主的ルールに不案内な在米会員による特殊な例と、会側は説明しますが、これが地元側をさらに硬化させたようです。

「ここなら骨を捨てられるという風潮を生むのが怖い」と原田芳男町議（共産党）。「価値観の多様性は尊重すべきだが〝法に規制されない〟ことだけが一人歩きするのが危険」と言います。

「すすめる会は説明義務を果たしてほしい」と町環境対策課の山品幸子課長。町は会に散骨自粛を要請し、会側は「話し合いがつくまで」と応じました。その後、具体的な進展はありません。

「環境保護や自己決定権の尊重という理念だけが先行し、まわりの人の感情を結果として軽視していた。配慮が足りなかった」

すすめる会支部役員はそう語りました。

北海道長沼町で「散骨」事業を計画した有限会社北輝行はその後解散、現地の看板も撤去されました。同社元専務で、NPO「22世紀北輝行研究会」専務理事の太田安男氏は「墓地のむずかしさを実感した」と語ります。

NPOが定年退職者の「定住村」を計画。その資金を墓地事業で集める計画だったそうです。

それにしても、計画にずさんさはなかったのか。樹木葬から散骨に変わり、散骨を強行実施して撤退。骨を土でおおえば埋蔵として法の規制を受ける。では木の葉ならどうか……。そんな〝法の抜け道探し〟ととられかねない事態の展開でした。

「何回も北海道庁に相談した」と太田氏。しかし、「道は良いとも悪いとも言わない。もし限りなく違法に近いとでも言われていたら、その場で路線変更をしていた」と言います。

地方自治体はなぜ対応できなかったのか。エンディングセンター代表の井上治代さんは、「まず国が（散骨の）ガイドラインをつくるべき。そうでないと地方は対応できないだろう」と指摘します。

都道府県の環境衛生担当者らでつくる全国課長会も二〇〇五年十二月、「散骨の定義、散骨が許容される区域等を定める基準」などの「条例の準則」を示すよう求める要望書を厚労省に出しました。

一連の事態はもう一つの教訓を残しました。世論調査で七割強が散骨を認めているけれど、身近でやられることには拒否が強いという現実です。厚労省の「これからの墓地等のあり方を考える懇談会」も一九九八年の報告書で、「日常生活に密接な関係のある場所において行うのは妥当ではないという人々が圧倒的に多数」とのべ、「公認された取り決めが設けられることが望ましい」と指摘。それは「地方の実情を踏まえて」条例で定めるのが適当で、国はその「準則を示す」べきだとしています。それから八年、厚労省に具体的な動きはありません。

〝手元供養〟とは

墓地でも散骨でもない、新しい葬法も話題を呼んでいます。「手元供養」です。

故沢村貞子さん（女優）は生前、夫と二つの約束をしました。葬式はしない。骨はいっしょに海にまいてもらおう――。指きりげんまんで約束したそうです。

沢村さんは、先に逝った夫の骨壺を自宅で保管しました。居間の飾り棚で、ちりめんの風呂敷に包んで。ふじ色の地色に、夫が好きだったえんじ色をあしらった風呂敷でした。

夫が「静かに私を守ってくれる」と、沢村さんは書いています（岩波書店『老いの道づれ――二人で歩いた五十年』）。――最近はやりつつある〝手元供養〟の先駆けかもしれません。

遺骨（灰）や遺品を組み込んだ置物やペンダントで、身近に故人をしのぶ。三年前にこの事業を始めた京都市の博国屋で制作を担当する山崎周亮さんは、手元供養を選ぶ動機はさまざまだといいます。

愛する人の遺骨を手離したくない。毎日、故人に語りかけたい。田舎の墓は遠すぎる。墓をつくっても子や孫に負担をかけるから……。墓を持ち、分骨して手元供養する人もいれば、墓を持たず手元供養だけという人もいます。

無宗教者が、仏壇や位牌に代わるものとして購入する例もあります。故人を追慕する気持ちは宗教の有無とは別物だからです。

「供養の形の多様化、ニーズの広さを実感する」と山崎さん。これまでに開発した供養品は、納骨オブジェ、納骨ペンダントやその飾り台。オブジェで人気があるのは地蔵形。故人の写真やメッセージを焼き付けるものもあります。故人へのメッセージの文章を考えることで故人ともう一度向き合い、思いを深めるのだそうです。

同業者らが集まってNPO「手元供養協会」を結成。「葬送の一つのスタイルとして広く普及し、日本の新しい供養文化として定着、発展に寄与する」としています。

（沢村貞子さんは一九九六年死去。遺骨は夫のものとともに相模灘洋上で撒かれました）

書名（　　　　　　　　　　　　　　　）　愛読者カード

▫本書を読んでのご感想・ご質問・ご意見をおきかせください。

▫あなたは、これから、どういう本を読みたいと思いますか？

▫最近読まれた本を教えてください。

ありがとうございました。

おなまえ	男・女
おところ	
年齢　　歳	

郵便はがき

料金受取人払

代々木局承認

6117

差出有効期間
2008年3月10日まで

(切手はいりません)

151-8790

243

(受取人)
東京都渋谷区
千駄ヶ谷4—25—6

新日本出版社
編集部行

この本をなにでお知りになりましたか。○印をつけて下さい。
1．人にすすめられて（友人・知人・先生・親・その他）
2．書店の店頭でみて
3．広告をみて（新聞・雑誌・ちらし）
お買いになった書店名

墓地情報の提供を

墓地の経営は「公共団体が原則であり、これによりがたい事情があっても宗教法人又は公益法人等に限られる」（二〇〇〇年十二月、厚生省局長通知）とされています。墓地には公共性や経営の安定性、永続性が求められるからです。

そんな建前と現実には大きな差があります。墓地事情の厳しい東京では、都民の墓地保有者の八割強が民営。比較的安い都営墓地を利用できているのは全世帯の五パーセントにすぎないというデータもあります。しかも多くの利用世帯が他県に転出しています。

都は一九八五年当時、二〇〇四年までに三十六万基が必要と予測。その六割を公営で供給するとして、八万基の都営墓地を含む青梅総合公園構想を打ち出し、用地の一部事前買収までしていました。

これに一部石材団体など業界が「民営による墓地の供給が成り立たなくなる」と反発。青梅総合公園用地の事前買収では、大手不動産会社との不透明な取引や与党都議関与の疑惑まで浮上しました。結局、同構想は凍結したままです。

「国も自治体も墓地経営の非営利性を言いながら、墓地の確保は市場原理にまかせてきた」と、ＮＰＯ法人墓地霊園情報サービスセンターの梶山正裕代表理事。「その結果、墓地は一方的な売り手市場になり、高額化を招いた」と指摘します。

厚生省の「これからの墓地等の在り方を考える懇談会」報告書（一九九八年）も「墓地の選択に資

するような情報を広く提供するシステムの整備が望まれる」としています。
しかし、「行政の腰は重い」。梶山さんの実感です。

地方自治体への「委任事務」だった墓地行政は〝地方分権〟政策により、二〇〇〇年から「自治事務」になりました。権限が移っても、ほとんどの自治体が独自の墓地行政を打ち出せていません。それは、散骨騒ぎで見た通りです。

前出の厚生省懇談会の報告書は、墓をめぐる状況の変化に注目しています。

例えば墓の継承問題。一九八五年に五百二十万世帯だった夫婦のみで子どものいない世帯は、九五年には七百六十万世帯。単身世帯は七百九十万世帯から千百二十万世帯へと増えています。当然、継承者不在の墓が増えます。散骨の登場、普及も新たな状況の一つです。

同報告書はそんな新たな状況のもとで、「生活保護法、老人福祉法等の規定による対応だけではなく、より多様なサービスを提供するシステムの整備」や「新しい時代の葬送に適合するような法の体系の整備」を求め、具体的な提案もしています。

墓地の使用契約を解除するさいの、納入済み永代使用料の取り扱い、使用権の第三者への有償譲渡、経営者への買い取り請求などという使用者保護策。墓地経営内容の情報開示。無縁墓地の改葬手続きの簡略化。自治体による墓地情報提供システム。散骨に関する法（条例）整備。それに、民間資本活用のための公益信託制度の導入も提起しています。

そのうち、改葬手続きの簡略化と財務書類の閲覧義務については、九九年の墓地埋葬法施行規則改定で実行されました。残る諸提起について、厚生省は「墓地経営・管理の指針」（二〇〇〇年）にもりこんで各自治体に通知しました（公益信託と散骨に関するものは同指針には入っていない）。

この指針が自治体の墓地行政にどう反映しているか。厚労省は「具体的には掌握していない」（生活衛生局）そうです。

憲法を刻んだ墓碑

「憲法」を刻んだ墓碑をご存じでしょうか。岡山県津山市の日蓮宗寺院にその一つがあります。

碑の右側面に「守れ憲法二五条」、左側に「すべて国民は健康で文化的な最低限度の生活を営む権利を有する」と同条第一項。正面には「人間裁判　朝日茂」。

朝日訴訟。結核療養中の朝日茂さんが一九五七年、国に劣悪な生活保護費の改善を求めて起こしました。生存権をめぐる最初の行政訴訟。「人間裁判」と呼ばれました。

当時の生活保護の食事代は十八円。保健所の野犬のエサ代（五十円）よりも低額でした。入院患者の日用品基準は、肌着年に二枚、パンツ年に一枚、ちり紙一日一枚半……。

重症で血痰《けったん》に苦しみながら、朝日さんは一万通の手紙で訴え、裁判をたたかいました。

東京地裁判決（一九六〇年）は勝訴。「憲法は絵に描《か》いた餅《もち》ではない」。浅沼武裁判長はその言葉を残しました。しかし、東京高裁は逆転判決（一九六三年）。裁判は最高裁に持ち込まれました。

そのころ、朝日さんの生命は限界に達していました。裁判の継承を。日本患者同盟本部事務局の小林健二さんと妻の君子さんが養子になることを決めました。夜行で津山市にかけつけ、市役所で手続き。その一時間半後、朝日茂さんは息を引きとりました。一九六四年二月。こんな歌を残しました。

「こみあぐる無念は云はず　解放のみち一筋を歩まんとぞ思ふ」

最高裁は一九六七年、保護を受ける権利は一身専属で相続にはなじまないとして上告を棄却。裁判は終わりました。

敗訴とはいえ、裁判が社会に与えた影響は大きい。一審判決後、国は算定方法を変えて保護基準を引き上げました。それは他のさまざまな社会保障費の算定にも連動しました。

「多くの人が茂さんの生きざまに共感し、さまざまな分野でたたかいを引き継いでいる」と朝日健二さん（七一歳）。

「守れ憲法」。

墓碑は語りつづけています。

「守れ憲法二五条」と刻んだ朝日茂さんの墓碑に強い思いを寄せる人がいます。

小川政亮さん（八六歳）。東大法学部を出て日本社会事業大、金沢大、日本福祉大で教授を歴任。朝日訴訟には最初からかかわっています。

「裁判を学問的理論的に支え、支援の運動を広げた功績者の一人」と、朝日健二さん。一方、小川さんは「朝日茂さんとの出会いが私の研究活動を方向づけた」と語ります。

小川さんは最近、一冊の本を出版しました。妻美代子さんの追悼・遺稿集です。その中に「死と憲法・墓と憲法」という一文があります。副題は「憲法の死ではなく、憲法の生きる死の時を、そして憲法の生きる死後を」。

私たちが望むのは「憲法の死」ではなく、平和で民主主義の社会に生き、まともな医療や介護で安らかに死を迎えられる国家だ。「死の時に至るまで憲法が生きていることを実感できる国家」だと述べています。

美代子さんは日赤本社奉仕課に勤めたあと、地域のＰＴＡ活動や病院ボランティア活動に力をつくし、一九九四年、膵臓《すいぞう》がんで死去しました。

遺骨は当初、故郷の金沢市営墓地にある小川家の墓に納骨。三年後、同墓域内に夫妻の墓を建ててそこに移しました。「家」制度を否定する憲法のもとで、これでいいのだろうかと考えたからだそうです。

戦前は家父長的家族制度が天皇絶対の国家体制を支えました。これにたいし現憲法は「家族生活における個人の尊厳と両性の平等」（二四条）を定めています。「朝日さんの墓碑流に言うなら、私たちの墓は守れ憲法二四条となるだろうか」と小川さん。

墓碑には「わが最高の伴侶小川美代子」と刻みました。つづいて「そして私小川政亮」。政亮の部分は朱字にして、小川さんの死去後に白くしてもらうのだそうです。

ひとくちメモ

相続の手続き

山田家の墓を守っている長男には子どもがない。結婚して佐藤姓になった妹夫妻が「将来墓を守っていくから私たちも墓に入れてほしい」と希望している。佐藤さんの長男も同意している。墓石には山田、佐藤の両姓を入れたいが可能か。どんな手続きが必要か――。

祭具の継承は被相続人（現所有者）の「指定」か、「慣習」に従うか、「家庭裁判所」の判断か、の三通り（民法八九七条）。この場合は山田さんが佐藤さんを「指定」することで継承できます。

その手続きについて、民法には特段の規定はありません。だから口頭だけで継承は可能。とはいえ、「念のために書面などの形で残しておく方がよい」と、全日本墓園協会の横田睦主任研究員は助言します。

万全を期して、事前に他の親族の了承をとっておくことも。親族の誰かの異議申し立てで家庭裁判所に持ち込まれることもありえるからです。

念書には、墓を佐藤さんにゆだねることのほか、例えば将来ともに山田家の遺骨を埋蔵することなどを書き添えてもよいのではないでしょうか。

墓石に山田、佐藤両姓を入れる〝両家墓〟にするのは、この墓地の土地も山田さんが所有する個人墓地なら、何の制約もありません。

ただし、佐藤さんの長男か、孫かの結婚相手が一人っ子で、その家の墓も継がねばならないときはどうするか。その日のために、墓石に家名を入れないというのも一つの方法かもしれません。

以上はすべて個人所有の墓地の場合。公営、寺院、民営などの墓地のときは事情が違ってきます。その場合、山田さんは墓の永代使用権があるだけで地主（墓地管理者）は別におり、管理者が定める条件が加わってくるからです。

その場合はどうなるのか。継承できる人の範囲を、公営墓地を経営する自治体に聞いてみました。

どの自治体にも「一墓所一家一墓石」という一応の原則があり、そのうえで、「埋蔵、継承ともに血族六親等、姻族三親等以内」（東京都霊園課）、「埋蔵は直系三親等、継承は親族なら可能」（千葉県浦安市公園緑地課）、「戸籍上のつながりがあればよい」（福岡市公園管理課）。

（注）血族＝同じ先祖から出て血統のつながりがある者。姻族＝婚姻によりできた親戚。民法では六親等以内の血族と三親等以内の姻族が親族。

墓石の変更や両家墓にするのには、大きさの制限があり、工事施工届なども必要。「両家墓も基本的に可能だが届け出が必要」（東京都）、「原則一家名。附属物に別家名を書く例はある」（浦安市）、「特に制限はない」（福岡市）とのことです。

寺の境内墓地や民営墓地では、さらに条件が加わります。宗教もからみ、檀家になるのが条件の寺院墓地もあれば宗教・宗派不問もあります。

横田氏によると、生前の継承か死後の継承かでも違ってきます。生存中に継承を決め、名義を変えようとした場合、譲渡や転売の類似行為として断られることも。

死後の継承は逆で、寺院墓地の継承者が他宗教信者でも管理者（住職）は抵抗できない。ただし、その墓地での祭祀《さいし》行為には寺側の規制がかかるそうです。

墓石の変更も同様。墓石業者を指定している墓地もあります。だから「まず墓地管理者と相談を」と横田氏。そして、購入前に契約条件をよくたしかめて。結局そこに落ち着きます。

あとがき

「しんぶん赤旗」日刊紙の「葬儀考」の連載を終えてから一カ月後、同紙の「読者の声」欄に、若い女性の投書が載りました。

「二十代の私が、葬儀についての連載を読んでいることにたいして、『まだ早いのでは？』といわれたり、死に興味をもっているような誤解を受けたりもしました。けれども、連載にも出てきたように、葬儀について考えていると、自分が今、そしてこれからをどう生きるかにぶつかります」「葬儀について多種多様の考え方や、やり方があることを知りました。それは一人ひとり違った生き方があるからだと思いました」

若い人がこんな読み方をしていてくれたのか——。筆者としてうれしく、ありがたく思いました。

「葬儀とは故人との別れだけでなく、残された者が今後をどう生きるのか、自分自身に問いかける場」と青年葬儀社社員。「遺族には悲しみに浸る時間が必要。悲しみに寄り添える寺に」と愛知県の住職。——取材のなかで心に響く言葉をたくさん聞きました。

葬送行為とは火葬や埋葬のような「死体の処理」機能だけではありません。それは別れであり、悲しみを共有し、いやしを促す場でもあります。そんな「こころ」の機能こそが大切ではないでしょうか。

筆者は少年期をすぎるころ祖母の死に対面しました。肉親の死をみとる、最初の体験でした。病院に呼ばれたとき、祖母はもう半ば意識を失っていました。時がたち、ふっと息をはき、それが最期でした。その瞬間、何か厳粛なものに接する思いでした。

若くして夫を失い、子を育て、土地を借りて耕し、ときには行商もして働いた、そんな誠実に生きぬいた生涯が凝縮する瞬間だったように思います。強い悲しみに襲われたのはしばらくたってからでした。

人の死は穢《けが》れでも忌《い》み遠ざけるものでもなく、厳粛なものです。そんな死を身近に体験することは、人生にとって決して悪いことではないと思います。ところが、私たちのまわりには、そうではない〝不正常な死〟があまりにも多い。戦争、犯罪、事故……、悲しい現実です。

最後に、本文でも紹介した言葉をもう一度。「安心して死ねるという思いは生きる勇気につながる。葬式と墓は生存権なのだ」——重い言葉だと、改めて思います。

二〇〇六年八月

著　者

《資料》本書に登場する団体の連絡先一覧

これらの団体すべてを、筆者として「推薦」するものではありません。あくまで参考として掲げます。その団体の理念や方針に共感するかどうかは、各自でご判断ください。

市民・運動団体

▽**エンディングセンター**（葬送を考える市民団体。調査、学習会、相談など。樹木葬＝桜葬の運営）
東京都世田谷区北烏山1の8の18☎03（3341）3555

▽「**なごみ葬」事務局**（葬儀の生前予約。公開講座など）
神戸市中央区八幡通4の1の12兵庫県高齢者生協内☎078（200）3933

▽**大阪やすらぎ支援の会**（社会進歩の運動につくした人にふさわしい葬儀の企画、運営など）
大阪市住之江区北加賀屋1の2の21☎06（6681）0879

▽**葬儀改革寺院連合**（準備会・寺による葬儀改革）
愛知県江南市高屋町中屋舗46永正寺内☎0587（56）2584

▽**葬送の自由をすすめる会**（散骨＝自然葬運動や啓蒙）
東京都文京区後楽2の2の15早川ビル☎03（5684）2671

▽**りすシステム**（任意後見、生前予約など）
東京都千代田区九段北1の9の5の704☎03（3239）8138

▽**墓地・霊園情報サービスセンター**（首都圏の墓地情報など）

千葉市若葉区西都賀1の14の15のA—305☎043(287)8062

▽**日本篤志献体協会**(献体に関する活動)

東京都新宿区西新宿3の3の23ファミール西新宿404号☎03(3345)8498

(各大学医学部でも受付・相談)

▽**日本尊厳死協会**(リビング・ウィル=尊厳死の表明=理念の普及)

東京都文京区本郷2の29の1渡辺ビル201☎03(3818)6563

▽**板橋花共同体**(生花業者らによる葬儀の創造)

東京都板橋区志村2の5の13常盤花園内☎03(3969)8959

共同墓や合葬墓

▽**全国生活と健康を守る会連合会**=東京都新宿区新宿5の12の15KATOビル3F☎03(3354)7431=加盟の各地の生活と健康を守る会

▽**全日本年金者組合中央本部**=東京都豊島区南大塚1の60の20協立第3ビル☎03(5978)2751=同組合の各支部で共同墓運営や学習会。

▽**映画人の墓碑の会**=東京都港区赤坂6の2の4水戸幸ビル日本企画内☎03(3584)0336

各地の公営墓地にも合葬墓を設置しているところがあります。公営墓地を持つ自治体に問い合わせを。

業界団体

▽**全日本葬祭業協同組合連合会**(葬儀専門業者の団体)

東京都千代田区九段北4の1の3飛栄九段ビル☎03(3222)4370

▽**全日本冠婚葬祭互助協会**（冠婚葬祭互助会の団体）
東京都港区虎ノ門3の6の2第2秋山ビル☎03（3433）4415

▽**全日本墓園協会**＝東京都千代田区神田須田町1の12山萬ビル807☎03（5298）3282

▽**日本石材産業協会**（墓石業者団体）
東京都千代田区神田多町2の9日計ビル☎03（3251）7671

▽**手元供養協会**（遺灰や遺品と組み込んだ置物やペンダントで身近に故人をしのぶ）
京都市南区吉祥院内河原町3京都陶芸工房103号博国屋内☎075（315）3370

▽**日本環境斎苑協会**（火葬場関係団体）
川崎市川崎区宮本町6の3小菅ビル☎044（245）0277

▽**自然サイクル保全事業協同組合**（火葬場残骨灰処理）
神戸市長田区西山町3の4の31☎078（643）2707

柿田睦夫（かきた　むつお）

1944年　高知県生まれ
1979年から「しんぶん赤旗」社会部記者
著書『霊・超能力と自己啓発――手さぐりする青年たち』
（共著・新日本新書）
『統一協会』（かもがわ出版）
『霊・因縁・たたり――これでもあなたは信じるか』（同）
『現代こころ模様――エホバの証人、ヤマギシ会に見る』
（新日本新書）
『自己啓発セミナー――「こころの商品化」の最前線』
（新日本新書）など

現代《げんだい》葬儀考《そうぎこう》――お葬式《そうしき》とお墓《はか》はだれのため？

2006年10月5日　初　版

著　者　柿　田　睦　夫
発行者　小　桜　　　勲

郵便番号　151-0051　東京都渋谷区千駄ヶ谷4-25-6
発行所　株式会社　新日本出版社
電話　03（3423）8402（営業）
03（3423）9323（編集）
www.shinnihon-net.co.jp
info@shinnihon-net.co.jp
振替番号　00130-0-13681
印刷・製本　光陽メディア

落丁・乱丁がありましたらおとりかえいたします。

ISBN4-406-03318-1　C0036
Printed in Japan